A CONSTRUÇÃO DE SENTIDOS
NA ESCRITA DO
ALUNO SURDO

Dados Internacionais de Catalogação na Publicação (CIP)
(Câmara Brasileira do Livro, SP, Brasil)

Silva, Marília da Piedade Marinho
 A construção de sentidos na escrita do aluno surdo /
Marília da Piedade Marinho Silva. – São Paulo : Plexus, 2001.

Bibliografia.
ISBN 978-85-85689-59-9

1. Comunicação escrita 2. Educação de surdos 3. Surdos –
Linguagem I. Título.

01-2734   CDD-371.912

Índices para catálogo sistemático:

1. Alunos surdos : Escrita : Construção de sentidos :
     Educação 371.912
2. Surdos : Linguagem escrita : Construção de sentidos :
     Educação 371.912

Compre em lugar de fotocopiar.
Cada real que você dá por um livro recompensa seus autores
e os convida a produzir mais sobre o tema;
incentiva seus editores a encomendar, traduzir e publicar
outras obras sobre o assunto;
e paga aos livreiros por estocar e levar até você livros
para a sua informação e o seu entretenimento.
Cada real que você dá pela fotocópia não autorizada de um livro
financia o crime
e ajuda a matar a produção intelectual de seu país.

A CONSTRUÇÃO DE SENTIDOS NA ESCRITA DO ALUNO SURDO

Marília da Piedade Marinho Silva

plexus

Copyright © 2001 by Marília da Piedade Marinho Silva
Direitos desta edição reservados por Summus Editorial

Capa: **Mari Pini**
Editoração: **JOIN Bureau de Editoração**

1ª reimpressão, 2023

Plexus Editora
Rua Itapicuru, 613 – 7º andar
05006-000 – São Paulo – SP
Fone: (11) 3872-3322
http://www.summus.com.br
e-mail: plexus@plexus.com.br

Atendimento ao consumidor
Summus Editorial
Fone: (11) 3865-9890

Vendas por atacado
Fone: (11) 3873-8638
e-mail: vendas@summus.com.br

Impresso no Brasil

Para o Majela, pelo amor, carinho, paciência e colaboração em todos os momentos do estudo.

Para Daniel e Carolina, as criações mais belas de nossas vidas.

Para os meus pais, "in memorian" Raimundo e Conceição, que, embora ausentes, sempre serão "presença" em minha vida.

Assim como os instrumentos de trabalho mudam historicamente, os instrumentos do pensamento também se transformam historicamente. E assim como novos instrumentos de trabalho dão origem a novas estruturas sociais, novos instrumentos do pensamento dão origem a novas estruturas mentais.

L. S. Vygotsky

SUMÁRIO

Prefácio 11
Introdução 13

1 A educação dos surdos e questões de linguagem 17
   Da escola normatizadora aos desafios atuais 18
   As questões da linguagem e as contribuições
      de Vygotsky e Bakhtin 22

2 Língua(gem) escrita da pessoa surda: o seu uso como
   lugar de construção dos recursos lingüísticos 39
   Escrita e surdez no contexto escolar 40
   Dificuldades de aprender, ou dificuldades de escrever 42
   Reflexão sobre coesão textual 49
   A lingüística do texto – principais mecanismos e
      coesão textual 50
   Principais formas de coesão textual, tomando como
      referencial a língua portuguesa 51

3 Um novo olhar diante da escrita do aluno surdo 63
   Alunos 64
   Um apanhado geral 87

Conclusões 91
Referências bibliográficas 99

PREFÁCIO

Apresentado como dissertação de mestrado no programa de pós-graduação da Faculdade de Educação da Universidade Estadual de Campinas, este livro de Marília da Piedade Marinho Silva traz uma análise da escrita de sujeitos surdos no contexto educacional.

O debate em torno de questões lingüísticas na surdez, ou a análise de produções textuais de surdos tem suscitado grande interesse no campo da Educação. Não são menores os interesses que essas questões despertam na lingüística. Contudo, o debate projetado até o momento é ainda bastante generalista com respeito às questões que tocam a linguagem e seu funcionamento.

Procurando dar especificidade aos estudos sobre a linguagem e a surdez, o trabalho de Marília parte de dois movimentos teóricos: 1. os surdos que usam LIBRAS (incluindo os que são oralizados) escrevem melhor, produzindo um texto mais coeso; 2. o sentido reconstruído na escrita dos surdos deve levar em consideração seu uso como lugar de construção dos recursos lingüísticos.

As questões que subjazem a esse tipo de empreendimento são realmente muito interessantes. Como interagem os planos visuogestual e o audioverbal nas atividades lingüístico-textuais? Que estatuto postular para a língua de sinais no momento seguinte em que assumimos que ela é língua natural, que ela é língua materna, que ela atende às condições imprescindíveis postuladas por Eleonora Albano em seu livro *Da fala à linguagem tocando de ouvido*) para que uma criança (qualquer criança) adquira linguagem: presença de pelo menos um canal sensório-motor, interesse subjetivo pela linguagem, presença de rotinas significativas relacionadas com a linguagem e a existência de uma língua minimamente auto-referenciada (ou seja, com sintaxe e fonologia).

Em suma, o texto de Marília procura, a partir de dispositivos teóricos da Lingüística Textual, num esforço que nem sempre se vê nos trabalhos dedicados à surdez no âmbito educacional, enfrentar a análise do funcionamento da linguagem e dos processos afeitos a ela. Só este empreendimento mais específico – a análise dos procedimentos textuais de coesão – é capaz de valorizar o presente trabalho.

Edwiges Morato
Fonoaudióloga
IEL – Unicamp

INTRODUÇÃO

A convivência e o trabalho com alunos surdos, desde a sua fase inicial de escolarização até a vida adulta, levou-me a uma série de questionamentos e reflexões sobre a linguagem escrita da pessoa surda. Em minha experiência cotidiana de trabalho com professores de surdos, tenho percebido a grande dificuldade desses em lidar com as questões ligadas à linguagem escrita. Esse fato converte-se rotineiramente em objeto de discussões nas atividades de ensino, gerando, por via de regra, reflexões/ações pouco satisfatórias.

Tenho observado, tomando por base o trabalho educacional com a pessoa surda, que um dos grandes desafios ao lidar com a questão da linguagem escrita repousa ainda em uma compreensão limitada a respeito da linguagem e de sua importância em relação ao processo avaliativo de qualquer indivíduo.

Atualmente, tem crescido o interesse pela pesquisa na área da surdez, sobretudo entre lingüistas, educadores, psicólogos etc., visto que este tema representa um campo fértil de discussões. Neste livro daremos destaque à discussão sobre a escrita atípica dos surdos em contexto escolar, buscando entender qual a questão inserta na construção dos aspectos coesivos dos enunciados dessas pessoas, já que interagem no plano visuogestual. Como tenho observado, sua escrita não segue as mesmas construções dos ouvintes, que se apóiam na linguagem oral para produzir a escrita. Algumas singularidades do texto são apontadas por autores brasileiros, a exemplo: *Gesueli, Fernandes, Brito, Góes, Sousa*. Apesar da relevância desses estudos, há ainda muito a compreender. O modo pelo qual eles criam sentidos para os diferentes signos merece aprofundamento teórico mais consistente em pesquisas que demandariam outro espaço.

Este livro tem sua origem em minha dissertação de mestrado, em cujo estudo tive por *objetivo* refletir sobre como o surdo articula a escrita textual, já que a pessoa surda interage no plano visuogestual, mas precisa integrar-se ao mundo da linguagem escrita, que possui interfaces com a oralidade. Também foi meu propósito neste estudo apontar os aspectos coesivos em seus textos, observando como são construídas as relações de sentido por intermédio da escrita dessas pessoas.

A ausência de reflexividade é uma das principais características dos textos da pessoa surda. Em uma análise da escrita de alunos surdos de supletivo do 1º grau, observa-se que tais alunos não identificam autonomamente problemas em seus textos. Mesmo quando são alertados para o fato ou ainda auxiliados na refacção, os enunciados continuam apresentando, freqüentemente, novos impedimentos para a construção de sentidos. As tentativas de reescritura propiciam, ainda que de forma rudimentar, ações reflexivas dos alunos, as quais expõem como dificuldade mais evidente o domínio parcial da língua portuguesa. Esta atividade de reflexão, por sua vez, pode acarretar longos diálogos para os esclarecimentos relativos ao sentido pretendido e ao vocabulário desconhecido, desviando a atenção do sujeito produtor do enunciado em si para outros aspectos da situação textual. E isto estaria na dependência da experiência bilíngüe dos alunos, porque uma escrita baseada em sinais é responsável por grande parte das características dos textos produzidos pelos alunos surdos. As Línguas de Sinais não possuem registro escrito, por isso o texto criado por um surdo contém alternâncias e justaposições das línguas envolvidas – oral e de sinais. Há também a questão relativa às condições de interlocução.

Os alunos podem endereçar seus textos a um interlocutor dentro de uma instância interativa bimodal – a professora. A escolha da análise dos aspectos coesivos na estruturação textual para minhas reflexões iniciais no desenvolvimento do trabalho para o mestrado deve-se ao fato de reconhecer que esse fenômeno é um dos fatores que garantem a inteligibilidade do texto escrito e, também, por constatar a importância da linguagem escrita para os surdos interagirem com os ouvintes, sendo a escola a instância principal para esta aprendizagem. Partindo das observações feitas por meio das análises textuais, verifica-se que é possível construir o sentido do texto dos alunos surdos por intermédio das hipóteses levantadas e a coesão é um dos recursos que fazem parte desse processo, (re)construindo sentidos.

Considerando a hipótese de que a Língua de Sinais é a língua natural dos surdos, podemos tomar por base os seguintes princípios: se o surdo for usuário da Língua de Sinais, a LIBRAS assumirá um caráter mediador e de apoio na aprendizagem do português, pois aprender a escrever, para o surdo, é aprender, em tal caso, uma segunda língua. Assim, a Língua de Sinais pode interferir na escrita da pessoa surda, isto é, na sua estrutura superficial do texto (uso de conectivos, preposição, tempo verbal, concordância nominal e verbal etc.), mas não na sua estrutura profunda. A atuação comunicativa ou sociointeracional ocorre em inúmeras situações da atividade de produção textual, coexistindo em um conjunto social individual de alteridade, subjetividade, cognitivo/discursivo.

A EDUCAÇÃO DOS SURDOS E QUESTÕES DE LINGUAGEM

> *A pedagogia que me toca é a pedagogia que escuta, provoca e vive a difícil experiência da liberdade, reconhecendo que há também uma distorção, o autoritarismo. Minha opção é por uma pedagogia livre para a liberdade, brigando contra a concepção autoritária de Estado, de sociedade.*
>
> Paulo Freire

A pesquisa sobre a educação dos surdos vem tomando um espaço cada vez maior nas reflexões teóricas dos que trabalham com o aluno surdo. Encontro-me, há anos, realizando, com professores e alunos surdos da Rede Municipal de Ensino de Belo Horizonte, um trabalho de coordenação e orientação, em que a ação pedagógica se faz presente a todo momento.

Por muitos anos, estive inserta na proposta educacional dos alunos surdos, na qual a dicotomia entre o trabalho prático e as questões teóricas sempre me inquietou. Constantemente estive voltada para a grande dificuldade dos surdos em construir conhecimentos no interstício entre a língua portuguesa e a LIBRAS[1], nas instituições escolares.

---

1. Língua Brasileira de Sinais, segundo a Federação Nacional de Educação de Surdos (FENEIS) – Denominação estabelecida em Assembléia convocada pela FENEIS, em outubro de 1993, tendo sido adotada pela World Fed. Ass. of Deaf e pelo MEC.

Convivo há anos com os anseios dos professores em lidar com o ensino da língua portuguesa em sala de aula e as dificuldades encontradas na escrita e na leitura pelo surdo acabam por gerar grandes entraves no processo educativo.

As idéias predominantes entre pesquisadores – isto é, de que a educação dos surdos fracassa pela falta de significados de sua língua, o que gera, em larga escala, um analfabetismo, e de que existe um número pequeno de surdos que chega ao ensino superior, faltando-lhes qualificação profissional – são, na verdade, questões decorrentes do engendramento das relações de poder e conhecimento de ouvintes presentes nas instituições educacionais, por meio de práticas *ouvintistas*. Por *ouvintismo* entenda-se uma forma particular e específica, própria de uma sociedade de ouvinte, de ver o surdo, o que inclui representações e dispositivos pedagógicos carregados de uma significação de inferioridade, de primitividade.

Em relação às idéias citadas e aos estudos atuais sobre a surdez, as significações do que se denominam *oralismo* e *ouvintismo* não se referem às mesmas questões. As práticas *oralistas* se fundem no discurso clínico sobre a surdez, e a ênfase dada à *oralização* centra-se na fala, com o propósito de normatizar as crianças surdas para, pretensamente, integrá-las à comunidade ouvinte. Embora não sejam sinônimas as duas práticas, o oralismo e o ouvintismo inter-relacionam-se porque constituem relações de poder e trazem no seu "cerne" o interesse em legitimar e centralizar as decisões que norteiam a educação dos surdos. Portanto, o processo de escolarização dos surdos no contexto atual reflete uma escola normatizadora, atendendo aos princípios legais de uma legislação excludente.

Da escola normatizadora aos desafios atuais

Atualmente tem-se falado muito em mudanças educacionais dos surdos. Repensar esta proposta, na verdade, é uma tarefa desafiadora. A Lei de Diretrizes e Bases da Educação (LDB – Lei nº 9.394/1996), em seu artigo 58, Capítulo V, define a Educação Especial "como modalidade escolar para educandos portadores de necessidades especiais, preferencialmente na rede regular de ensino. (...) Estabelece também que os sistemas de ensino deverão assegurar, entre outras coisas, professores especializados ou devidamente capacitados para atuar com qualquer 'pessoa especial' em sala de aula. Admite também que, nos casos em que necessidades especiais do aluno impeçam que se desenvolva satisfatoriamente nas classes existentes, este teria o direito de ser educado em classe ou serviço especializado".

Em relação à Educação Especial, os discursos atuais evidenciam uma urgência em incluir qualquer aluno, independentemente de sua singularidade (surdo, cego, paralisado cerebral etc.), na escola regular. O argumento mais invocado é a *Declaração de Salamanca* junto com outros 87 governos. Na verdade, o que fica no esquecimento é o que diz seu artigo 19, assumido pelos nossos órgãos oficiais: "Políticas educacionais deveriam levar em total consideração as diferenças e as situações individuais. A importância da linguagem de sinais como meio de comunicação entre surdos, por exemplo, deveria ser reconhecida".

O fato é que os órgãos governamentais legitimam o compromisso com a *inclusão social,* mas não provêm de recursos para o atendimento educacional das escolas públicas. O caso do uso da Língua de Sinais pelo surdo é um exemplo significativo, pois afirma-lhes o direito de uso, mas há apenas uma recomendação para que pais e professores aprendam essa língua, ou seja, a escola pode ou não adotar a concepção bilíngüe da pessoa surda. Outra consideração importante em relação à Educação Especial refere-se à *Declaração de Salamanca* que em seu artigo 19 enfatiza a necessidade de um movimento transformador da Educação como um todo, não se tratando apenas de optar pelo processo de inclusão na escola regular ou por manter a escola especial. É preciso compor alternativas a partir de um problema institucional configurado.

Decorre dessas afirmações que a inclusão do aluno surdo não deve ser norteada pela igualdade em relação ao ouvinte e sim em suas diferenças sócio-histórico-culturais, às quais o ensino se ancore em fundamentos lingüísticos, pedagógicos, políticos, históricos, implícitos nas novas definições e representações sobre a surdez. Em outras palavras, que se cumpra a proposta de Salamanca e seja estabelecida uma educação bilíngüe para surdos, politicamente construída tanto quanto sociolingüisticamente justificada. Portanto, que se tenha um currículo em LIBRAS e uma pedagogia centrada no ensino da escrita, no caso dos surdos brasileiros, o português. Todavia, selecionar uma língua traz uma série de tensões, principalmente por se inscreverem: um grupo majoritário de ouvintes, e outro grupo minoritário daqueles que não ouvem. A escola, ao considerar o surdo como ouvinte numa lógica de igualdade, lida com a pluralidade dessas pessoas de forma contraditória, ou seja, nega-lhe sua singularidade de indivíduo surdo. Tais inconsistências reivindicam uma revisão educacional, que trace uma nova visão curricular com base no próprio surdo. Em relação à polêmica discussão acerca da educação dos surdos, configura-se a questão curricular, pois as escolas encontram-se atreladas a uma ideologia oralista, conveniente aos padrões dos órgãos de poder.

Quando se discutem as questões curriculares dentro das instituições educacionais, tanto regulares quanto especiais, nunca estão presentes os atores do cenário da discussão. O grupo de pessoas nunca se faz representar em sua plenitude, ou seja, ele é sempre constituído por indivíduos que primam pelos "padrões normais": o ouvinte, o letrado, o branco, sem serem convidados o surdo, o índio, o negro.

Nesse cenário, tem-se a fabricação de um currículo que reflete uma forma hegemônica de representar essas pessoas, nos espaços escolares e fora deles, criando tensões entre os grupos. No caso da educação dos surdos, o currículo faz parte de práticas educativas e é efeito de um discurso dominante nas concepções pedagógicas dos ouvintes. Estas ações materializam-se na afirmação de que o currículo é um espaço contestado de relações de poder/saber, o que significa dizer que, nas práticas escolares, estas questões estão literalmente veiculadas, não sobre uma oposição, mas em uma ordem necessária.

Esse modo de entender a educação dos surdos por intermédio de um viés logocêntrico provoca uma rede de lutas e de conflitos nos contextos social e educacional e um afastamento curricular relacionado a técnicas e metodologias, por conta das ambigüidades existentes nos textos dos surdos. O que a escola discute atualmente, por meio de seu currículo, é como se organizam os saberes e o conhecimento dentro do espaço escolar para se ter uma educação de qualidade. Mas, para que estas questões passem a ser legítimas, é necessário ir além delas, olhando o currículo não apenas como organização de conteúdos, pois a educação não é politicamente opaca, nem neutra em seus valores. Com um olhar mais atento, verifica-se que o currículo é uma arena de lutas e conflitos na compreensão do papel da escola em uma sociedade fragmentada do ponto de vista racial, étnico e lingüístico. É preciso, nesse contexto, assumir uma perspectiva sociolingüística/antropológica na educação dos surdos, dentro da instituição escolar, considerando a condição bilíngüe do aluno surdo.

Entretanto, nessa discussão, vale reconhecer que não se trata de optar pela inclusão, ou não, na escola regular ou especial, do aluno surdo, mas chamar a atenção para as alternativas simplificadas às quais eles são expostos, em que as crises etnocentradas ainda se fazem presentes por meio de uma política lingüística monolíngüe. A falta de clareza de não ter uma política bilíngüe no trabalho pedagógico acaba por negligenciar o papel central da língua(gem) em relação ao conhecimento e à subjetividade da criança.

O propósito, nessa discussão, em dar ênfase à reflexão sobre uma *Nova Escola* ancora-se nas questões em que considera a língua viva e marcada por muitas vozes, ou seja, de uma classe que controla o ensino, numa relação de poder e de assujeitamento do indivíduo. Sendo a língua(gem) uma função cognitiva privilegiada por sua natureza auto-reflexiva e mediadora, que constitui relação com o mundo social, deve-se considerar como essencial na educação dos surdos a transformação de uma política pedagógica crítica por meio do ensino bilíngüe. A desconsideração por parte da instituição escolar quanto à questão lingüística desses alunos provém de um "ensino" que privilegia a língua majoritária, mediante saberes e poderes instaurados nas representações e significações dos ouvintes, sobre a surdez e os surdos.

Em relação às proposições de uma escola normatizadora, tendo em vista os desafios atuais, as questões refletidas poderão ser reavaliadas por meio de uma política crítica curricular, e efeitos transformadores serão obtidos mediante uma mudança da prática pedagógica. Nesse sentido, os estudos sobre a surdez, ou seja, sobre uma "escola nova possível" podem ser investigados por meio de um conjunto de concepções lingüísticas, culturais, comunitárias e de identidades que definam uma proximidade e não uma "forma" de aproximação com os discursos sobre a surdez.

As questões da linguagem e as contribuições de Vygotsky e Bakhtin

Recorrendo aos fundamentos da abordagem histórico-cultural, estarei, neste momento, olhando o surdo como indivíduo que se forma nas relações sociais, assumindo que o cerne da questão está em compreender a linguagem como uma atividade constitutiva do sujeito.

Tomando-se por base este propósito, busco contribuições em Vygotsky e Bakhtin e outros autores que se aproximam da abordagem sócio-histórica, destacando pontos mais próximos dos estudos em relação ao meu objetivo. Embora esses pesquisadores estejam inscritos em postos de observações diferentes, não são antagônicos e suas contribuições vêm ao encontro do meu entender. Vygotsky deteve-se em estudar a natureza da gênese e processos sociais humanos; Bakhtin, em depurar e propor uma teoria de linguagem vinculada à constituição da subjetividade humana.

Vygotsky desenvolveu seus trabalhos no período de 1924 a 1934, tendo, inicialmente, o propósito de elaborar uma psicologia baseada nas idéias marxistas. O mestre bielo-russo começa seus trabalhos em psicologia opondo-se às duas correntes da época: o behaviorismo, que não considera os aspectos da "consciência humana", mas apenas as funções mentais inferiores, e o idealismo, que tem como metodologia a introspeção e limitava-se a descrever os fenômenos psíquicos sem explicá-los. Esse autor passa, então, a pesquisar a relação entre pensamento, linguagem e suas origens.

A concepção histórico/cultural, discutindo questões referentes aos trabalhos de Vygotsky, reserva à linguagem um papel constitutivo, central, presente no desenvolvimento psicológico. Segundo Vygotsky (1989), é por meio da linguagem que o indivíduo ingressa em uma sociedade, internaliza conhecimento e modos de ação, organiza e estrutura seu pensamento. Nesse sentido, o signo é considerado fruto da necessidade de organização social e transforma-se junto com a evolução da sociedade.

Bakhtin, por sua vez, propõe uma teoria acerca da linguagem vinculada à constituição da subjetividade e da consciência humana, opondo-se a correntes vigentes naquela época: o objetivismo abstrato e o subjetivismo idealista. O autor aborda o papel do meio social e da língua e a importância das interações verbais, postulando a "dialogia" como núcleo que as fundamenta e enfatizando sua importância na construção da consciência humana. Ao se referir à dialogia, ele afirma que o diálogo não depende apenas de duas pessoas que fisicamente trocam palavras. Para Bakhtin, locutor e ouvinte devem pertencer à mesma comunidade lingüística e dividir inúmeras condições sociais que definam a relação de pessoa para pessoa, determinando a partilha do sistema lingüístico.

Isto não significa que a língua se caracterize como um código transparente, mas que ela oferece sistematicidades, a partir das quais o trabalho dos indivíduos tece sentidos sempre únicos em cada situação dialógica. Bakhtin aborda as diferenças culturais que são refletidas nas línguas e as conseqüências que existem em relação às classes menos privilegiadas. E defende, também, a necessidade de estudar os aspectos lingüísticos a partir dos diálogos em seu contexto social, pois, de acordo com sua proposta teórica, é apenas por meio desse contexto social que as palavras ganham sentido.

Os dois estudiosos, no início de seus trabalhos, rompem com o objetivismo e o subjetivismo da época. Vygotsky o faz por meio da psicologia histórico-cultural e Bakhtin na área dos estudos da filosofia da linguagem. Ambos tecem suas teorizações com os fios do materialismo dialético, compreendendo o homem como ser histórico, conferindo à linguagem um lugar central na constituição da consciência.

Bakhtin, por sua vez, ao criticar o subjetivismo idealista aponta que o objeto de estudo desta concepção "é o ato da fala", visto como algo produzido individualmente pelo falante, segundo as leis de uma psicologia individualista.

O pesquisador opta por um caminho diferente; em vez de privilegiar a "*langue*" como fez Saussure[2], seus elementos possí-

---

2. O termo social utilizado por Saussure se refere apenas à condição de a língua ser compartilhada por toda a comunidade lingüística, não tendo o indivíduo condições de modificá-la.

veis de formação e repetição, tomou como objeto de análise a heterogeneidade da "*parole*", o significa que a linguagem ocorre em múltiplos modos que criam sentidos novos, sem ser repetições apenas. Entretanto, quando o autor fala de "múltiplos modos de ocorrência que acontecem através da linguagem", ele situa este fenômeno na interação verbal, mas afirma que ela necessita da presença de um locutor, de um interlocutor, em dada situação social, em contexto historicamente determinado e um objeto de discurso.

Por isso não basta que dois indivíduos se encontrem para que a palavra ou o signo se constitua. É necessário que pertençam à mesma comunidade lingüística, a um grupo de pessoas com alguma organização social, ou que formem uma unidade social. Para o pesquisador russo, a palavra, como fenômeno social, liga-se às condições e às formas de comunicação social, condicionada pela organização social na qual a interação acontece, trazendo marcas sociais e desdobrando-se entre seus usuários, tornando-se plurivalente e aberta para evoluir. As diferentes sociedades criam especificidades lingüísticas de acordo com suas necessidades, como no caso dos índios e dos esquimós que, pelas peculiaridades dos locais em que vivem, nomeiam de forma diferente cores que para nós são as mesmas. Então, para os índios, as diversas tonalidades do verde têm variados nomes, e para os esquimós o branco do gelo recebe um nome conforme suas características. A realidade sócio-histórica e a língua constituem num mesmo momento dialético a consciência individual e social de uma comunidade. Por exemplo, crianças de classe média ou baixa percebem com muita naturalidade o uso da comunicação por meio de um aparelho de TV, como se ele fizesse parte de um lazer indispensável em suas vidas. A forma de comunicar e o valor que é atribuído à mensagem são determinados pelo momento sócio-histórico em que estão insertos.

Para Bakhtin (1992), os valores sociais, a ideologia[3], as características singulares dos indivíduos não se separam e os signos agem como mediadores desta relação, uma vez que não é a realidade material que é internalizada pelo homem, e sim o material semiótico. Ao afirmar que sem o signo não há consciência[4], Bakhtin revela a importância dada à linguagem e à semiótica na constituição da subjetividade. Por isso, importa desnudar a relação da linguagem na comunicação verbal concreta e socialmente determinada.

Bakhtin referencia um sujeito ativo configurado por uma ideologia e, como filósofo da linguagem, procura desvelar e problematizar a linguagem, em situação de comunicação verbal e social, concreta. Portanto, seu sujeito é participante, atuante, faz parte de uma cadeia viva de enunciados, da qual é integrante e membro, ou seja, é sujeito da ação do outro. O sujeito bakhtiniano faz parte de determinada classe social, que encontra, no uso da língua, lugar responsivo integrado em determinada coletividade organizada, possuindo, assim, espaço para se compor como agente de transformação.

Para Bakhtin, o despertar da consciência ocorre pela língua materna, na língua materna, o que é bem diferente da idéia de que os indivíduos adquirem a língua materna; e o processo pelo qual a criança assimila sua língua materna é de integração progressiva da criança na comunicação verbal. À medida que esta integração se realiza, sua consciência é formada e adquire conteúdo.

---

3. Espaço de contradição e não de ocultamento. Um produto ideológico faz parte de uma realidade, portanto a ideologia é uma forma de representação do real.
4. Para Bakhtin, a consciência individual nada pode explicar, a única definição possível é de ordem sociológica. A consciência, assim, não deriva diretamente da natureza como é vista pelo materialismo mecanicista e pela psicologia objetivista, nem a ideologia deriva da consciência como querem o idealismo e a psicologia subjetivista.

Voltemos às seguintes questões: os processos interativos produzem novos recursos e elementos linguísticos no contexto social. Por exemplo:

a) por meio de mudanças de significados e expressões; nesta perspectiva, os significados de nossas falas somente se definem no contexto da situação em que elas ocorrem, porque seus temas não são determinados apenas pelas formas linguísticas, mas também pelos elementos não-verbais presentes nas interações, em que os papéis de nossos interlocutores[5], o assunto, o lugar de conversação, os outros sujeitos envolvidos etc. estão em jogo.

No entanto, a radicalidade desta posição poderia levar a uma defesa de pontos que, muitas vezes, não pode ser aceita. Parece-me compreensível que o significado único dos nossos enunciados depende sempre das situações, mas os recursos linguísticos que usamos nesses contextos trazem, em seu cerne, a história de seus usos anteriores, por isso não fixa nem permite uma mobilidade estável. Observa-se, assim, que as línguas são quase-estruturas e seus elementos não têm relações biunívocas, correspondendo a cada recurso um significado. Verifica-se ainda que as "expressões linguísticas", impregnadas de mudanças, variam muito seus significados. Em razão disso, a comunicação é possível, pois a língua fornece recursos maleáveis, cuja compreensão não se dá pelo seu reconhecimento, mas pela articulação de seus significados a cada diferente situação. Um exemplo interessante dessa situação pode ser encontrado nas gírias de adolescentes. Foi feita uma análise da incorporação pelas propagandas da revista *Realidade* (no período de 1966 a 1976), da linguagem da Jovem Guarda,

---

5. Uma pessoa muito próxima de nós, um amigo, um familiar, apenas um mero olhar ou uma só palavra podem expressar inúmeros significados.

em que as palavras "morou?", "brasa" etc. têm significados totalmente diferentes daqueles encontrados nos dicionários. Hoje, o sujeito que utiliza esses termos pertencentes à Jovem Guarda pode ser identificado como um indivíduo que pertenceu a essa geração.

b) na criação de novos signos lingüísticos; interessante observar nesta área alguns exemplos relacionados ao léxico na linguagem computacional: acessar, deletar, printar, justificar; tais itens lexicais são novos na língua portuguesa, mas já adquiriram "seu lugar" garantido entre os usuários dos computadores;

c) na elaboração de novos gêneros.

Na verdade, os gêneros do discurso são relativamente estáveis e apresentam determinadas formas composicionais. Em uma carta, por exemplo, espera-se uma saudação de despedida, pois o indivíduo que domina esse tipo de gênero reconhece os elementos que compõem essa forma composicional. Ao longo da história, as atividades vão se tornando mais complexas e os gêneros discursivos saem selecionados e reestruturados em novos tipos. A linguagem da propaganda é um exemplo típico, pois exige certa dinamicidade, com elementos enfatizadores para uma leitura rápida, mas, ao mesmo tempo, produtiva. Nesse sentido, a propaganda bem-sucedida é aquela que fixa no leitor o nome do produto da propaganda.

Esses exemplos citados dão uma clara visão de como no processo interativo, ou seja, por intermédio do uso da linguagem, vão se reconstruindo os recursos lingüísticos que servem de base aos sujeitos falantes. O que se pretende, por intermédio dessa reflexão, é mostrar como o movimento dialético, reiteração/mudança, estabilidade/instabilidade, é constante na constituição das línguas naturais.

Aceitando o ponto de vista bakhtiniano, mais uma vez reiteramos que a consciência se constitui materialmente por meio dos signos, nos processos de interação social. Prosseguindo à reflexão proposta, é possível realizarmos um encadeamento das idéias de Bakhtin sobre a linguagem e os estudos realizados por Vygotsky sobre pensamento e linguagem, reafirmando pontos essenciais e concebendo a linguagem na constituição dos sujeitos em suas relações sociais.

A essência dos estudos de Vygotsky está na proposta de uma visão social da linguagem, tanto na sua função como em sua gênese. Embora suas idéias se reportem às formas de comunicação e ao pensamento, em seus últimos trabalhos ele aponta para a idéia de que o indivíduo não significa o mundo para representá-lo, mas para construir sua própria significação pela linguagem. Em seus trabalhos em psicologia, ele vincula a linguagem à formação das funções psicológicas superiores, abordando-a nesse contexto como instrumento no processo de trabalho ou atividade consciente, o que difere o homem dos demais animais. Baseado nas idéias marxistas e hegelianas sobre o uso dos instrumentos, ele estende a noção de mediação instrumental aplicando-a a "ferramentas psicológicas" (signos). Segundo ele, os instrumentos são dirigidos ao mundo externo, conduzindo o homem para o objeto de sua atividade, transformando a natureza, como signo (ferramenta psicológica), para, além de construir relação do homem com o outro, influir psicologicamente na conduta do próprio sujeito, alterando-a e configurando-a como meio de atividade interna dirigida.

O mestre bielo-russo aponta os signos como fenômeno capaz de alterar por completo o fluxo e a organização das funções psicológicas superiores, considerando que a participação da linguagem em uma função psicológica causa uma transformação fundamental nessa função. Sendo assim, os signos não são considerados meros meios auxiliares que facilitam uma função psicológica superior existente, deixando-a qualitativamente inalterada;

ao contrário, os signos são capazes de transformar o funcionamento mental. Tanto que o desenvolvimento das funções mentais superiores não é linear porque não sofre incrementos quantitativos ao longo do tempo, mas é um processo em constante transformação qualitativa, em função das mudanças nos signos. Assim, as formas de mediação permitem ao ser humano realizar operações mais complexas sobre os objetos. Vygotsky vê o signo como um instrumento originalmente usado com fins sociais, um instrumento para influir sobre os demais, que só mais tarde se converte em instrumento para influir sobre si mesmo. Com base nos pressupostos desse contexto, Vygotsky aponta a linguagem como a ferramenta psicológica mais importante do desenvolvimento psicológico; ela tem como função principal a comunicação social e o contato entre os sujeitos, tanto adultos como crianças, enfim, a influência entre indivíduos que estão na mesma esfera social. Sendo assim, entende-se que os instrumentos de mediação se formam de acordo com as demandas da comunicação. No entanto, as afirmações de Vygotsky sobre a mediação semiótica passaram por várias transformações. Inicialmente, remetiam às categorias do ato instrumental como uma categoria signo-instrumento apoiada em estudos de "dupla estimulação", em que a exposição ao estímulo-tarefa é simultânea a um recurso semiótico auxiliar. A noção de mediação fez com que essas categorias de estímulo e resposta fossem, aos poucos, abandonadas para chegar no que se entende hoje por mediação semiótica.

Vygotsky, em seu artigo "Pensamento e palavra", avança no sentido de perceber que, além da instrumentalidade, a palavra é sentido/significação, anunciando aspectos que hoje se configuram como discursividade. Enfatiza, também, o estudo da formação dos significados das palavras, considerando-as um "microcosmo". De acordo com essa citação, o que se observa é o fato de a linguagem passar de uma instância de significação a outra na relação dos sujeitos com outras culturas. A noção de instrumento "cognitivo ou comunicativo" evolui e o autor busca explicar a formação da consciência por meio do papel que a palavra exerce sobre ela.

Esta explicação traz a idéia de que a relação dos indivíduos consigo mesmos é mediada pelo signo, não sendo, portanto, direta. Alguns pesquisadores têm fundamentado suas pesquisas nas idéias de Vygotsky e atribuem à linguagem lugar central em seus construtos teóricos.

... uma característica fundamental (da linguagem) é a reflexividade, isto é, a propriedade/possibilidade que a linguagem apresenta de remeter a si mesma. Ou seja, fala-se da linguagem com e pela linguagem. Ainda, o homem fala de si, (re)conhece-se, volta-se sobre si mesmo pela linguagem, a qual pode falar de seu próprio acontecimento. (Smolka, 1993: 41-2).

Assim, indivíduos da mesma cultura partilham de um sistema de signos, ou seja, a mesma língua, permitindo que eles interajam entre si. Essa língua, esses signos, ou palavras, têm um significado mais ou menos comum para os membros dessa comunidade, mas teriam sentidos distintos de pessoa para pessoa. Por exemplo, quando se fala "família", todos têm em mente um significado razoavelmente comum. Contudo, para cada membro dessa comunidade esse mesmo significado pode suscitar diferentes fatos psicológicos em relação à situação familiar. Alguém pode, pensando em família, associá-la com desunião, solidão, separação, brigas, segundo suas referências em relação a suas experiências. Assim, ao significado "família" podem ser atribuídos múltiplos sentidos que tornam as interlocuções ricas em trocas, não completamente transparentes. Em suma, o que é falado, pensado pelo indivíduo e generalizado pelos outros em diferentes situações gera a construção de conceitos, que serão ressignificados nas novas experiências desses indivíduos.

Entretanto, esses processos geram um *continuum* de transformações e desenvolvimentos, pois os indivíduos se transformam, por meio dos conhecimentos construídos, em sua maneira de lidar com o mundo e com a cultura. A linguagem é a chave para a compreensão do modo pelo qual ocorre o processo de construção e desenvolvimento do conhecimento por meio dos conceitos. E, na concepção de Vygotsky, o estudo dos diferentes sentidos atribuídos à palavra é o caminho para a realização concreta da compreensão da relação pensamento/linguagem.

Importa observar como Vygotsky postula a linguagem, não inserindo-a apenas como forma de comunicação, mas como uma função reguladora do pensamento. Seu conceito de fala refere-se à linguagem em ação, à produção lingüística do falante do discurso. Ao referir-se à fala, ele a divide em três tipos: a comunicativa, a egocêntrica e a interior. Assim, em seus estudos sobre pensamento e linguagem, ele afirma que, na fase inicial da vida do bebê, estas funções se encontram dissociadas e têm raízes genéticas distintas. Pode-se afirmar por meio de uma perspectiva vygotskiana que, nos momentos iniciais de vida, o bebê possui apenas reações instintivas. Quando ele chora, balbucia ou tenta apanhar objetos, sua mãe cria um significado para estes atos. Por exemplo: quando o bebê chora, a mãe amamenta-o, criando assim um significado de fome para o choro do bebê, o que na verdade é um reflexo desencadeado pela situação fisiológica da criança. Diante de tais elementos significativos que a mãe confere, a criança começa a compartilhar desses significados; assim, todas as suas ações, como o choro, o balbucio, passam a ter uma função comunicativa para a criança. Estas ações, ressignificadas pela mãe, marcam um início dos processos mentais, possibilitando as formas de raciocínio desenvolvidas por meio da linguagem. A partir da fala do adulto e de todos os outros insertos na comunidade, a criança começa a desenvolver sua própria fala, sua comunicação, favorecendo-a no seu desenvolvimento intelectual, ajudando-a nas tarefas que não realiza sozinha.

Vygotsky configura esse momento como o início do desenvolvimento cognitivo (interpsíquico), surgido na relação entre o psiquismo do adulto e da criança.

A etapa seguinte do desenvolvimento deriva da diferenciação das funções da fala exterior em fala social e fala egocêntrica. Para Vygotsky, a criança começa a utilizar a fala social com fins de comunicação por volta dos dois anos. Entretanto, esta mesma fala se desenvolve de duas maneiras: em relação a estruturas lingüísticas utilizadas na comunicação e quanto à sua internalização, ou seja, a criança passa a substituir a fala do adulto na sua própria fala.

Nessa mesma direção, ao observarmos crianças na faixa etária entre dois e seis anos, podemos encontrá-las brincando e falando sozinhas. É o que se costuma chamar de fala egocêntrica, termo empregado primeiro por Piaget e retomado em discussão por Vygotsky. Dá-se o início da função cognitiva da linguagem em âmbito intrapsíquico. Nesse momento, os fenômenos pensamento e linguagem passam a ser interdependentes, possibilitando à criança, por intermédio da linguagem, organizar o pensamento, ou seja, "pensar consigo mesma". Sabe-se que, no início da fala egocêntrica, sua estrutura assemelha-se à fala social e seu desenvolvimento se modifica. Por exemplo: sua estrutura gramatical se torna gradativamente diferente, abreviada, já que o interlocutor da criança é ela mesma, não havendo necessidade de ela explicitar todos os significados da palavra. A fala egocêntrica adquire tendências predicativas, não precisando ser mencionadas. Durante esse processo em que a criança é envolvida em uma atividade, ela ainda utiliza a fala relativa à ação. A ação passa a ser dominada e a fala refere-se ao que já foi feito. Quando a fala se desenvolve, ela passa a ocupar o meio da atividade até anteceder a ela, surgindo, assim, a fala como função planejadora, sendo a ação dirigida pela fala. A criança então passa a planejar conscientemente, por meio da fala, suas próximas ações. Com o desenvolvimento, a criança passa a utilizar menos a fala egocêntrica, pois está interiorizando-se; a evolução da fala interior possibilita que a criança organize suas atividades, planejando-as internamente, utilizando o pensamento verbal.

Por meio de suas próprias leis gramaticais e sua sintaxe, a fala interior gera uma cadeia de significados, de generalizações e difere, portanto, da linguagem social e comunicativa. A aquisição da linguagem dentro da abordagem vygotskiana segue a orientação do exterior para o interior, passando de social para a comunicativa, daí para a fala egocêntrica, até se tornar a principal forma de pensar por meio da fala, ou seja, por intermédio do pensamento lingüístico.

Nessa perspectiva, a gênese da linguagem é vista como um processo gradual de construção por meio do qual a criança vai pouco a pouco assumindo papéis dialógicos desempenhados pelo adulto e, portanto, convertendo o discurso do outro em discurso próprio.

Na abordagem sociocultural da psicologia, seus defensores conferem à linguagem não apenas uma função comunicativa, mas também organizadora e planejadora do pensamento. A aquisição da linguagem interfere e muda qualitativamente o desenvolvimento cognitivo da criança. As funções mentais inferiores, tais como a percepção natural, a atenção involuntária e a memória natural, transformam-se em funções mediadas. Assim, a cognição passa a ser determinada pela linguagem.

Mais especificamente no que diz respeito à criança surda, Vygotsky, em seus textos da obra *"Fundamentos da defectologia"* (1989), aponta mudanças em sua maneira de pensar o desenvolvimento da criança, que é vista, em conseqüência do seu contato com esses sujeitos, em seu próprio processo de aprendizagem. Em seu texto inicial, *"Princípios da educação social para crianças surdas"* (1925), ele se apresenta favorável à oralização. Neste momento dos seus construtos teóricos, ao se referir à educação dos surdos, ele afirma que esta deve iniciar-se desde a pré-escola, pois isto seria uma forma de estímulo para o surdo incorporar-se à linguagem oral do ouvinte.

Em torno de 1931, o pesquisador publicou o texto "O coletivo como fator no desenvolvimento da criança anormal" (Vygotsky, 1989), quando faz uma revisão da relação entre os diferentes tipos de linguagem do surdo, destacando a mímica (como se referia à Língua de Sinais, pois ela ainda não tinha esta denominação), e propõe, ainda, poliglossia, ou seja, a utilização de múltiplos recursos para que o surdo tenha acesso à linguagem. Percebe-se, desse modo, que ele já não defendia mais o método oral e sim sua substituição. Assim, ele afirmava:

> A luta da linguagem oral contra a mímica, apesar de todas as boas intenções dos pedagogos, como regra geral, sempre termina com a vitória da mímica, não porque precisamente a mímica, desde o ponto de vista psicológico, seja a linguagem verdadeira do surdo, nem porque a mímica seja mais fácil, como dizem muitos pedagogos, mas sim, porque a mímica é uma linguagem verdadeira cheia de riquezas e de importância funcional, e a pronúncia oral das palavras, formadas artificialmente, está desprovida da riqueza vital e é só uma cópia sem vida da linguagem viva. (Vygotsky, 1989: 190)

Vygotsky, em determinado momento de seus estudos, pensou que a educação dos surdos deveria estar voltada exclusivamente para uma educação social, ou seja, inserindo esse indivíduo na sociedade, devido às experiências lingüísticas dessas crianças. Só mais tarde percebeu que essa inserção ficaria prejudicada se não fosse dado um lugar básico ao desenvolvimento lingüístico desses sujeitos, premissa psicológica fundamental, tendo como solução a utilização da Língua de Sinais.

No conjunto das análises de Vygotsky, podem-se constatar mudanças nas convicções do autor. Para ele, os sinais passam uma forma não vocal de realizar a linguagem, destacando-se que "as análises da atribuição do estatuto da Língua de Sinais e as proposições daí decorrentes são sistematizadas na literatura a partir da década de 60, e não é explorada a participação dos sinais no desenvolvimento psicológico, e as proposições educacionais permanecem orientadas ao propósito primordial de propiciar ao surdo o domínio da língua falada" (Góes, 1994: 100).

Vygotsky também aponta que não existe uma psicologia específica para os casos de deficiência e sim particularidades que terão de ser investigadas no desenvolvimento educacional desses sujeitos. Nesse aspecto, percebe-se por meio dos pressupostos vygotskianos que o professor que trabalha com deficiência deve estar atuando por intermédio da "zona de desenvolvimento proximal", Ou Seja, Interatuando Em Um Contexto De Construções, Em que se possam buscar caminhos para uma educação de qualidade.

Nessa mesma lógica, especialmente no caso das deficiências sensoriais, é a partir da linguagem de sinais que o indivíduo surdo irá construir significados para sua aprendizagem. Importa também mencionar a questão da plasticidade do funcionamento mental humano, com o intuito de mostrar que as leis de desenvolvimento de crianças normais e de deficientes são as mesmas e a presença de um déficit não significa uma patologia. De fato, para chegar a alguma proposta pedagógica, deve-se conhecer a lei da transformação do "menos" da deficiência para o "mais" da compensação para alcançar a chave dessa peculiaridade. Poder-se-ia dizer que esta visão indica a importância da Língua de Sinais, nas interações ou nas relações sociais para a construção da subjetividade da pessoa surda.

Com base nas discussões apresentadas, observa-se que Vygotsky e Bakhtin transitam por caminhos diferentes, mas possuem similaridades em seus pressupostos filosóficos e lingüísticos.

Os dois autores apontam a necessidade de uma nova postura pedagógica, enquanto nos orientam para uma concepção de língua(gem) do surdo: o seu uso e o lugar de construção dos recursos lingüísticos.

Em relação à prática, temos a Língua de Sinais como língua "natural" responsável pela mediação e ressignificando a construção do trabalho com a segunda língua, a escrita do português. Muitos pesquisadores já registraram que não se pode ser ingênuo em relação ao aluno surdo, considerando a Língua de Sinais como solução para todos os problemas que encontramos em sala de aula. Portanto, dentro dessa lógica, é necessário assumir uma dimensão sociopolítico-antropológica na educação dos surdos, entendendo que a LIBRAS não seja apenas tolerada e a fala não seja seu objetivo principal na instituição escolar. O ideal seria que houvesse uma linguagem comum entre professor e aluno, ou seja, que professor e alunos surdos fizessem uso da LIBRAS.

LÍNGUA(GEM) ESCRITA DA PESSOA SURDA: O SEU USO COMO LUGAR DE CONSTRUÇÃO DOS RECURSOS LINGÜÍSTICOS

> *Então escrever é o modo de quem tem a palavra como isca: a palavra pescando o que não é palavra. Quando essa não palavra morde a isca, alguma coisa se escreveu. Uma vez que se pescou a entrelinha, podia-se com alívio jogar a palavra fora. Mas aí cessa a analogia: a não palavra, ao morder a isca, incorporou. O que se salva então é ler "distraidamente".*
>
> Clarisce Lispector

A pesquisa que desenvolvi no mestrado abordava algumas questões relativas à escrita de pessoas surdas no contexto escolar, partindo da hipótese de que a Língua de Sinais é sua língua natural, e incluí algumas questões que orientaram o percurso da investigação:

- Os surdos que possuem uma Língua de Sinais, incluindo os que são oralizados, escrevem melhor, produzindo um texto mais coeso?
- Qual o sentido reconstruído na escrita desses sujeitos, levando-se em consideração o seu uso como lugar de construção dos recursos lingüísticos?

Tendo em vista tais propósitos, foi necessário fazer uma reflexão teórica em relação à escrita dessas pessoas, de modo a permitir uma visão da escrita e da surdez no contexto escolar.

Escrita e surdez no contexto escolar

Tomando-se por base a noção de linguagem que se forma na relação do homem com o meio social, ou seja, num sentido bastante amplo, podemos concluir que a linguagem envolve tudo que tenha significação e valor semiótico, não se restringindo apenas a uma forma de comunicação. É por meio da linguagem que se compõe o pensamento, embora este não possa ser reduzido a ela. Assim, a linguagem está sempre presente no sujeito, mesmo quando ele não está se comunicando, pois ela significa a forma como esse sujeito recorta e percebe o mundo e a si próprio. Ao mesmo tempo, linguagem e pensamento estão indissoluvelmente unidos na prática social sob a forma de pensamento verbal.

Poder-se-ia argumentar também, como aspecto relevante, que a língua(gem) é fundamentalmente constituída pelo contexto social, que se dá entre indivíduos reais em momentos singulares e históricos, trazendo marcas e significações. É importante destacar que é por meio das interações desses indivíduos que a língua se desenvolve, evolui ou até mesmo morre.

Em relação às práticas pedagógicas e ao ensino em si, ou mesmo com a terapia de fala a que o surdo vem sendo exposto, essas ações pedagógicas tendem a reforçar a "deficiência" do aluno surdo. Nas diversas instituições pedagógicas encontram-se situações que evidenciam isso. Um modelo exemplar desse fato é o que evidencia relações concretas com objetos do mundo físico, em práticas escolares em que, para escrever sobre o objeto ou fala dele, é necessário ter uma experiência sensível com ele. É o que ocorre em sala de aula de ouvintes. As crianças ensaiam, escrevem o nome dos objetos, depois a professora apresenta o objeto. A maneira como ela conduz o trabalho impede a conversão desse momento em atividade interacional de experiências partilhadas, não permitindo ao aluno lançar hipótese sobre o objeto lingüístico. A preocupação da docente é de "facilitar" o aprendizado, servindo-se do objeto físico para o aluno compreender o significado da palavra escrita. Ao assumir o trabalho dessa maneira, a docente não oportuniza a construção de significação do aprendizado que leva em conta a relação do indivíduo com o mundo e com o outro.

Assim, neste último aspecto, podemos concluir que a linguagem caracteriza-se por seus três momentos constitutivos: os que dizem respeito à construção da significação, quer pela remissão ao próprio sistema lingüístico (atividade metalingüística), quer pelo fato de a linguagem ser um exercício pessoal e intersubjetivo (atividades epilingüísticas e lingüísticas). Por isso, sugere-se que as atividades escolares nas séries iniciais sejam voltadas às atividades lingüísticas e epilingüísticas. Na verdade, porém, o que se observa são exercícios voltados para a metalinguagem (conceitos, regras, exceções).

De fato, há uma grande controvérsia: as informações sobre a linguagem acabam se confundindo com a própria linguagem. Otimizando uma variedade culta (sempre), ensina-se primeiramente uma metalinguagem dessa variedade, com exercícios de descrição gramatical ou estudo de regras. As instituições escolares dedicam os primeiros anos de vida escolar à atividade de metalinguagem, em detrimento das duas outras, descaracterizando o momento propício até para o exercício metalingüístico.

A partir de uma visão crítica desse tipo de prática pedagógica, o ensino da língua (escrita) para surdos não deveria estar desvinculado do uso da linguagem. Os exercícios de linguagem (gramática, textos, formação de frases) poderiam constituir um momento de produção e significação, tornando o indivíduo imbuído do fenômeno social da interação. Nessa lógica, estariam presentes as condições de produção e significação, de representação do interlocutor, e o valor social da linguagem.

A linguagem tem formas de expressão – por meio da escrita, da fala e dos gestos. Existem inúmeras línguas orais que, na maioria, têm escrita própria, o que não ocorre com as poucas línguas gestuais. O surdo, usuário de língua gestual, tem, portanto, de se valer da língua escrita do seu país.

> [...] a escrita da pessoa surda reflete, em certa medida, os conhecimentos que possui, ou não, da comunidade ouvinte. Ou, o quanto a escrita tem função em sua vida, ou ainda reflete o próprio processo de alfabetização a que foi submetida. Nesse contexto, o ensino da Língua Portuguesa é freqüentemente levado a termo como uma língua morta, pois ao ensinar apenas substantivos, adjetivos, advérbios na produção de textos, esquece-se de se considerar uma premissa básica: o intercâmbio entre o papel do autor e do leitor para esse aprendizado. (Souza, 1998: 147)

Isto se torna ainda mais relevante no caso da surdez, pois esses sujeitos são detentores de uma linguagem visuogestual, que se apresenta com possibilidades limitadas de constituir a linguagem oral. Ao me posicionar diante dessas questões, levo em consideração a importância em refletir sobre as produções de escrita "atípicas" do aluno surdo, abordando como são construídas as relações de sentido e discutindo aspectos da coesão textual desses sujeitos.

Dificuldades de aprender, ou dificuldades de escrever...

As questões relativas à linguagem de surdos e ao desenvolvimento cognitivo são muito controversas. A idéia mais corrente, em psicologia, é a que assinala a perturbação psicofisiológica global que afeta o surdo e acaba provocando um retardo, relacionando a impossibilidade de alcançar um pensamento abstrato. A surdez é motivo de retardo da linguagem ou da perturbação que ela provoca no desenvolvimento geral, indiretamente, pois, "acreditar que o surdo não desenvolva o pensamento abstrato (ou que o mesmo seja pobre) é acreditar que o pensamento chinês, pelo fato de ter inventado categorias (espirituais?) lingüísticas como o yin e o yan, não seja capaz de assimilar conceitos da dialética materialista" (Morato, 1996: 54).

É possível dizer que as dificuldades dos surdos acontecem pelo fato de as línguas orais serem as únicas utilizadas pela grande maioria das comunidades, não havendo, no caso do surdo, a possibilidade de adquiri-las espontaneamente. Assim, "no início do desenvolvimento da espécie humana, a comunicação era feita através de gestos; com a evolução da espécie humana, o sistema fonador passou a ser utilizado na comunicação entre as pessoas" (Lúria, 1986: 94). De fato, vários pesquisadores afirmam que a qualidade comunicativa dos surdos e a constituição do pensamento estão nas mãos (e em todo esquema corporal), pois eles podem executar com perfeição o mesmo papel atribuído ao sistema fonador por meio da Língua de Sinais.

Vygotsky, em seus trabalhos sobre a defectologia, atribui os problemas da surdez às questões socioculturais. A tarefa da educação consiste precisamente em trabalhar estas questões. É evidente que toda a gravidade e todas as limitações criadas pela surdez não têm sua origem na falta de audição por si mesma, mas nas conseqüências, nas complicações secundárias provocadas pela surdez. A surdez, por si mesma, poderia não ser obstáculo tão penoso para o desenvolvimento intelectual da criança surda, mas causa a mudez e a falta de linguagem que é um grande entrave neste aspecto. Por isso, a linguagem é posta como núcleo do problema em que se encontram todas as particularidades do desenvolvimento da criança surda.

É necessário enfatizar que as condições de aprendizagem da leitura e da escrita no processo de escolarização do aluno surdo dependem, por via de regra, do modo pelo qual são encaradas suas dificuldades e as diferenças ocorridas no processo educacional pelas instituições, levando-o a adquirir confiabilidade nas dificuldades encontradas. Nessa mesma ótica é preciso destacar que o surdo, antes de ter dificuldades na escola, apresenta dificuldades de aquisição da língua, instalando-se a grande diferença de escolarização entre o surdo e o ouvinte. Também se afirma, de maneira bastante equivocada, que o surdo apresenta dificuldades de compreensão em história, geografia ou português porque ele tem atraso de aprendizagem. Na verdade, suas dificuldades, em quaisquer disciplinas, estão relacionadas às estruturas lingüísticas pouco desenvolvidas (pela dificuldade de acesso à "língua oral", ou mesmo à "língua de sinais"), repercutindo na sua educação de modo geral.

Entre as pesquisas que salientam esta realidade estão aquelas que apontam os indivíduos surdos, filhos de pais ouvintes, como a maioria da população surda. O grande problema enfrentado pelos pais ouvintes é a comunicação com as crianças surdas. Outra questão sintomática são os profissionais que lidam com a surdez, com a linguagem dos surdos, tomando a língua como se esta fosse um código totalmente artificial, que pudesse ser ensinado em circunstâncias totalmente artificiais, agravando mais esse problema.

De fato, outra situação referente aos problemas de educação do aluno surdo seria a falta de condições ambientais, importantes para facilitar o acesso desse indivíduo ao "mundo letrado". Ouve-se muito o "discurso" nas instituições escolares e até mesmo entre pais de alunos sobre as dificuldades desses indivíduos na aprendizagem da escrita, como um problema secundário em relação à aquisição da linguagem oral. Entretanto, percebe-se que, por trás dessas "falas", o que se espera é que o indivíduo aprenda primeiro a "falar", para depois escrever. É o "poder do colonizador", em detrimento do indivíduo "a ser colonizado". Desse modo, o que acaba acontecendo, na maioria dos casos, é que esses alunos, além de não aprenderem a falar, o que é esperado, aprendem apenas a ler pequenos textos, frases simples, apresentando inúmeras dificuldades na escola. Assim, a instituição escolar, para recuperar essas dificuldades, estrategicamente tenta trabalhar a escrita por meio de exercícios de repetição, usando-os, como se o fato de "repetir" pudesse fazer esses alunos aprender a ler e escrever. Em toda esta situação, percebe-se que um dos maiores problemas da educação dos surdos é como é concebida a linguagem pelos professores e como são apresentadas as atividades de leitura e escrita, grande responsável pelas dificuldades desses indivíduos.

Notadamente, em nossos dias, milhares de docentes, presos às "amarras institucionais"[1] ou até mesmo por acreditarem que a educação dos surdos está restrita ao acesso da fala, continuam afirmando que o surdo oralizado tem menos dificuldades na escola. Percebe-se, por trás dessa lógica, a perpetuação de um discurso já cristalizado, no qual a preocupação dos educadores é a da transmissão de conhecimentos, ensino por meio de exercícios de memorização e práticas de tarefas solicitadas pela escola.

A surdez tem de ser vista como um déficit de audição e não mais como uma patologia. O surdo que utiliza LIBRAS deve ser visto como pertencente a uma minoria lingüística e cultural, que se utiliza de outra modalidade de linguagem.

Nesse sentido, é preciso lembrar que a criança surda, filha de pais ouvintes ou também de pais surdos, não adquire a linguagem da mesma forma que a criança ouvinte, pois a linguagem oral que a criança adquire de modo natural, "no caso dos surdos", é ensinada nas clínicas, escolas, num processo longo, podendo ter resultados decepcionantes. A melhor maneira de trabalhar com o surdo deve ser por meio de uma língua que pode ser adquirida naturalmente por intermédio dos membros da comunidade.

Muitas vezes as crianças surdas não participam inicialmente do processo de leitura, em virtude de os pais ou mesmo os adultos acabarem por rotulá-las como incapazes de compreender o código escrito, ou até por sentimento de superproteção. Por exemplo: os pais e irmãos sempre estão prontos a executar a

---

1. Refiro-me a currículos impostos pelas instituições particulares e públicas.

tarefa de leitura para as crianças surdas, e isto vem impedir o crescimento delas de exercitar a função social da escrita, de levantar hipóteses, perceber diferenças entre a fala (no caso dos surdos, os sinais) e a escrita, o que as faria crescer. Este fato acarreta inúmeras complicações. Esses indivíduos, mesmo estando vários anos na instituição escolar, desconhecem a função social da produção escrita e não conseguem perceber que, para produzir um texto, não basta a justaposição de palavras ou sentenças soltas, mas que ele exige operações complexas, como a de manipular recursos para articular, de forma coesa e adequada, de modo a produzir sentido.

Além disso, é necessário explicitar que na atividade discursiva, seja oral (gestual) ou escrita, o interlocutor é o sujeito ativo e os participantes dessa interlocução tendem a dividir o contexto temporal e espacial, reelaborando esse discurso. Sendo assim, os indivíduos têm possibilidades de voltar a uma questão anterior e reorganizar os recursos utilizados na sua própria língua, como a utilização de recursos faciais e gestos que auxiliam na compreensão da expressão dos seus discursos.

Entretanto, isso não acontece na escrita, pois a linguagem escrita não dispõe dos dados do contexto e da situação interativa, em que a voz (audição) se faz presente. Para atenuar ou mesmo suprir esta falta, em que os elementos extratextuais são subsídios para garantir a inteligibilidade do texto, o texto escrito deve apresentar mecanismos lingüísticos que permitam uma leitura coerente para extrair um significado.

Desse modo, é necessário salientar que a tarefa de escrever não se reduz apenas à tradução da fala em sinais gráficos, pois existem especificidades próprias de cada modalidade. A escrita não é a transposição da fala, e o fato de as crianças (ouvintes) terem dificuldades na produção de textos escritos não significa que apresentem dificuldades na língua oral. A linguagem escrita tem suas próprias regras e os recursos da linguagem necessitam ser revistos para garantir seu desenvolvimento.

Outra observação importante, no processo de educação do aluno surdo, é a expectativa dos pais em relação ao sucesso dos filhos. Todavia, com um olhar atento sobre este cenário, percebe-se que a maioria desses pais pertence à classe menos privilegiada, tendo um poder aquisitivo bastante baixo, muitas vezes não é nem alfabetizada. Assim, a aceitação de uma baixa escolarização se faz presente, pois eles sequer sabem avaliar quais os problemas inerentes à surdez de seus filhos. Os mais esclarecidos, geralmente, ainda fazem essa discussão, de modo que os filhos surdos consigam chegar ao menos ao segundo grau, embora não discutam a qualidade dessa promoção.

Outros estudos feitos por vários pesquisadores assinalam que os surdos, a exemplo dos ouvintes, podem se desenvolver lingüisticamente, desde que sejam expostos à Língua de Sinais o mais cedo possível; se isto não acontecer, o desenvolvimento global do indivíduo surdo poderá ser afetado de modo significativo.

Tomando-se por base os resultados de tais estudos, nota-se que não se podem separar as dificuldades que o surdo apresenta com a escrita sem estar atento ao que aconteceu com o processo de aquisição da língua(gem) de que ele faz uso e o que ocorreu com o processo da alfabetização. É necessário lembrar que, até recentemente, entre meados de 1960 e 1980, a questão da escolarização do aluno surdo só teria sentido se ele conseguisse falar, ou seja, dominar os sons da língua. Comprovada a ineficácia desta abordagem, em relação à escrita e à fala, começam, então, a surgir várias pesquisas com questionamentos diversos. Nesse cenário, o surdo passou a ser visto como um indivíduo em condições de obter um desenvolvimento global, não mais como um sujeito com *déficit* clínico interpelado pela falta de audição.

Em relação às pesquisas, na década de 1960, muitas questões eram observadas. Merece destaque a ênfase dada aos estudos das diferenças observadas entre crianças surdas de pais ouvintes.

Estudos demonstraram que os surdos, filhos de pais surdos, tinham melhor capacidade para o desempenho na escola, tanto nas atividades orais e escritas quanto ao serem oralizados, ao contrário dos surdos de pais ouvintes, que demonstravam maior dificuldade. Os surdos, filhos de pais surdos, logicamente conseguiam avançar mais, fazer ou lançar hipóteses, pois eram expostos à mesma língua, promovendo, assim, de forma mais eficaz sua aprendizagem. Em razão disso, chega-se à seguinte lógica: os filhos e pais surdos são mais bem preparados, emocional, social e culturalmente, pois têm uma identidade que é dada pela sua língua.

Também no exame da produção escrita, alguns pesquisadores, na década de 1980, detiveram-se em apontar o atraso do surdo em relação ao ouvinte na aquisição e no desenvolvimento da estrutura sintática da língua oral.

Gostaria de destacar que a língua escrita é um objeto lingüístico construído a partir de seu lugar social. Assim, tanto o surdo quanto o ouvinte terão como pressuposto a língua que já dominam para ter acesso à linguagem escrita. A língua que o surdo tem como legítima e usa não é a mesma que serve como base ao sistema escrito, por ser um sistema visuomanual, portanto muito diferente do oral auditivo.

Os problemas dos surdos com a aquisição da escrita estão mais relacionados à aquisição e ao desenvolvimento de uma língua efetiva que lhes permita uma identidade sociocultural, ou seja, "estar insertos no contexto social"; só assim poderão entender as diferenças existentes entre sua própria língua e as outras.

Outro fato a ser destacado é que as pesquisas relacionadas com a escrita são escassas. Certos trabalhos apontam para questões do letramento, no processo da escrita, alguns para as dificuldades encontradas pelos surdos com a escrita, outros para as diferenças encontradas nas suas produções.

Reflexão sobre coesão textual

As investigações sobre relações textuais e aspectos coesivos não são poucas nem unânimes, tanto no que diz respeito aos critérios adotados pelos autores para sua definição e particularização quanto à seleção de seus aspectos. Conseqüentemente, as diferentes linhas de trabalho propostas nem sempre apresentam resultados convergentes. Apresentá-las, portanto, implica confrontá-las com estudos mais evidentes. Existem formas variadas de manifestação de um sistema lingüístico subjacente comum às modalidades oral e escrita da linguagem que apresentam configurações específicas que as definem e particularizam. A tentativa de apreensão das similaridades e das dessemelhanças entre elas, contudo, exige que se tenham em conta a natureza da atividade e os recursos lingüísticos, paralingüísticos e contextuais disponíveis em cada uma dessas variantes. Interessa-nos, sobretudo, examinar a estruturação do texto e dos enunciados que o compõem, abordando a coesão textual, as habilidades de que o usuário da língua de sinais dispõe para a produção do texto. Enfim, verificar o papel da escrita do sujeito surdo e a construção de sentidos do seu texto.

Vários autores têm destacado a relação entre oralidade-escrita e caracterizado o texto escrito de diversas formas.

> Um texto se constitui enquanto tal no momento em que os parceiros de uma atividade comunicativa global, diante de uma manifestação lingüística, pela atuação conjunta de uma complexa rede de fatores de ordem situacional, cognitiva, sociocultural e interacional, são capazes de construir, para ela determinado sentido. Portanto, a esta concepção subjaz o postulado básico de que o sentido não está no texto, mas se constrói a partir dele no curso de uma interação humana. (Koch, 1997: 25)

A autora ilustra a afirmação usando a metáfora do *iceberg*. Como todo este texto possui apenas uma pequena superfície exposta, há uma imensa área subjacente. Para chegar às profundezas do implícito e dele extrair um sentido, fazem-se necessários o recurso a vários sistemas de conhecimentos e a ativação de processos e estratégias cognitivas e interacionais. Para avaliar um texto, é necessário considerar todos estes aspectos, principalmente no que se refere à citação apresentada, quando a pesquisadora reafirma que o "sentido do texto" não está apenas na superfície exposta do produto observável. Nessa ótica, o surdo também faz parte dessa realidade, estando inserto nessa problemática.

A lingüística do texto – principais mecanismos e coesão textual

A lingüística textual desenvolvida na Europa, mais destacadamente a partir da década de 1960, tem se dedicado a estudos de natureza textual quer oral, quer escrita, estudando sua natureza e os fatos envolvidos na produção e em sua recepção.

Inicialmente, deu-se primazia à descrição dos fenômenos sintáticos e semânticos que ocorrem entre enunciados ou seqüência de enunciados, alguns deles já estudados no nível de frase; esta fase é denominada análise transfrática. Em síntese: não se faz distinção nítida entre fenômenos ligados uns à coesão e outros à coerência do texto. Um texto não é uma seqüência de frases isoladas, trata-se de uma unidade lingüística com propriedades estruturais específicas. Por isso, para estudar a tessitura do texto é preciso ir além, chegar fora das "gramáticas da frase", passando-se, assim, pelo estudo dos fenômenos lingüísticos dentro de uma "gramática do texto". É dessa forma que surgem na década de 1960 e se projetam para a de 1970 gramáticas textuais de base estrutural generativa. Na década de 1980, ganham corpo as teorias do texto, com pressupostos diferentes. Assim, a lingüística textual elege como objeto de investigação não mais a frase isolada, mas o texto, passando a inscrevê-lo como unidade básica da manifestação da linguagem, entendendo que o homem se comunica por meio de textos e que existem fenômenos lingüísticos que só podem ser explicitados no interior de um texto. As pesquisas, então, passam a questionar o que faz com que um texto seja um texto, quais os elementos responsáveis pela textualidade.

Principais formas de coesão textual, tomando como referencial a língua portuguesa

Os trabalhos sobre coesão textual em português assumem pontos e discussões diferenciados na maneira de olhar o texto escrito, dependendo da abordagem teórica apontada. Como o texto que nos interessa analisar aqui é o do aluno surdo com uma língua visuomanual, que com freqüência apresenta uma escrita atípica, vamo-nos centrar na compreensão das formas de coesão usadas como estratégia por esses indivíduos. Há duas grandes modalidades de coesão: coesão referencial (ou referenciação) e coesão seqüencial (ou seqüenciação). Coesão referencial é a que se estabelece entre dois ou mais componentes da superfície textual que remetem (ou permitem recuperar) ao mesmo referente textual. Coesão seqüencial é a que diz respeito aos procedimentos lingüísticos por meio dos quais se estabelecem diversos tipos de interdependência semântica e/ou pragmática entre enunciados (e/ou partes de enunciados) à medida que se faz o texto progredir. Em termos de estrutura informacional, a primeira está ligada ao já dado, a segunda ao elemento novo.

Dentro desta perspectiva, obtém-se a coesão referencial por meio de dois mecanismos básicos: a substituição e a reiteração. Existe substituição quando um componente da superfície do texto é retomado por outro, o que é chamado de anáfora; quando aponta outro que vem a seguir, é denominado catáfora. Vejam-se algumas possibilidades de substituição que serão apontadas nos exemplos que seguem: pró-forma[2] pronominal, verbal, adverbial ou quantitativa, podendo funcionar como pró-constituinte, pró-sintagma, pró-oração ou pró-enunciado. É também bastante comum em português a substituição por zero-elipse, mesmo se tratando de componentes que exercem a função sintática de sujeito.

[1] Nossos pais estão passeando. [*Eles*] só retornarão no fim da semana.

[*Eles*] pró-forma pronominal com função de pró-sintagma.

[2] Amanhã vou conhecer a nova moradia de João. *Ele* a ganhou quando *seus* pais o presentearam por *seu* esforço nos estudos. *Seu* esforço foi recompensado.

Ele – pró-forma pronominal com função de pró-constituinte (ele = João).

seus – pró-forma pronominal com função de pró-constituinte (seus = de João).

Seu – pró-forma quantitativa com função de pró-constituinte (seu = de João).

[3] Partiremos amanhã para a França. *Lá* assistiremos aos jogos da Copa do Mundo.

Lá – pró-forma adverbial com função de pró-sintagma.

---

2. As formas não referenciais livres são as que não acompanham um nome dentro de um grupo nominal, mas são utilizadas para fazer remissão, anafórica ou cataforicamente, a um ou mais constituintes do universo textual. A estes ficaria reservada a denominação genérica de "pronomes" ou de "pró-formas" (Koch, 1989: 37).

[4] *Isso* não está certo: tomar gelado, estando resfriado.

Isso – pró-forma pronominal com função de oração, (pró-oração).

[5] José será homenageado e terá de participar. Foi *o* que disse o grupo de reabilitação da A.A.

o – pró-forma pronominal com função de pró-enunciado.

[6] Você pode assinar este contrato para mim?
6a – Não.
6b – Não posso.
6c – Sim, mas é porque confio em você.

6a – elipse do enunciado; 6b – elipse da oração, 6c – pró-forma verbal.

A *reiteração* se faz por meio de:

– **Sinônimos:**

[7] No colo da mãe, havia um bebê. A *criança* dormia calmamente.

– **Hiperônimos:**

[8] Vimos a ambulância aproximar-se. Em seguida, o *veículo* estacionou em frente da casa, para transportar o doente até o hospital.

– **Nomes genéricos:**

[9] A comitiva do grupo de pesquisa ouviu um barulho. *Todos* olharam para a estrada e viram um veículo se aproximando.

- **Expressões nominais definidas:**
[10] Lula perdeu a última eleição. O *presidente do PT* sofreu mais uma derrota na política.

- **Repetição do mesmo item lexical:**
[11] O *computador* é uma ferramenta eficaz para agilizar nosso trabalho de pesquisa. Por isso, o *computador* faz parte das necessidades que devemos priorizar.

Segundo o que vimos, constata-se que a referência ou remissão nem sempre se estabelece sem ambigüidades. Quando houver, no contexto, dois ou mais referentes potenciais para uma forma remissiva, a decisão do leitor/ouvinte (ou surdo) terá de se basear nas predicações feitas sobre elas. Os procedimentos lingüísticos utilizados para estabelecer relações entre segmentos do texto (enunciados, partes dos enunciados, parágrafos e seqüências textuais), à medida que faz o texto progredir, são referidos como coesão seqüencial. Em síntese, esta se faz por procedimentos de recorrência ou progressão, como já foi exemplificado [5].

Por sua vez, entre os mecanismos de *seqüenciação* por *recorrência* ou *paráfrase* encontram-se:
- **Recorrência de termos:** É obtida mediante recorrência do mesmo item lexical.
[12] E o gatinho *miava, miava*...

- **Estruturas de paralelismo:** A progressão é feita usando-se as mesmas estruturas sintáticas, preenchidas com itens lexicais diferentes.
[13] *Na solidão* solicitude

Na solidão entrei

Na solidão perdi-me

Nunca me alegrarei (Mário de Andrade, In: *Canção*)

- **Recorrência de recursos fonológicos segmentais e supra-segmentais:** Nesse caso, tem-se uma invariante, como igualdade de metro, ritmo, rima, assonância, aliterações etc., como por exemplo:

[14] Se a cólera que espuma, a dor que mora
Na alma e destrói cada ilusão que *nasce*;
Tudo o que punge, tudo que devora
O coração, no rosto se *estampasse*[3].

- **Conteúdos semânticos – Paráfrase:** Na paráfrase o mesmo conteúdo semântico apresentado sob formas de estruturas diferentes. Ex.: em todo enunciado, fala-se de um estado de coisas, de determinada maneira: além daquilo que se diz, há o modo como aquilo que se diz é dito.

- **Aspectos e tempos verbais:** Dentro da "macrossintaxe textual", os tempos verbais são organizados de acordo com três características constitutivas do sistema temporal: a atitude comunicativa, a perspectiva e o relevo. Existem dois tipos de atividade comunicativa: a de comentar e a de narrar, possuindo cada língua tempos verbais próprios para assinalar a comunicação. Os tempos do comentário conduzem o ouvinte a uma atitude receptiva, tensa, engajada, atenta; os do relato, ao contrário, levam o ouvinte a assumir uma atitude distensa que não lhe exige nenhuma reação direta. Em português, os tempos do mundo comentado são o presente do indicativo, o pretérito (simples e composto) e o futuro do presente; e tempos do mundo narrado são o pretérito simples, o

---

3. Cf. TAVARES, H. U. C. *Teoria literária*. Belo Horizonte: Itatiaia, 1984, p. 317.

pretérito imperfeito, o pretérito-mais-que-perfeito e o futuro do pretérito do indicativo.

No que se refere à perspectiva, há em cada mundo os tempos zero (sem perspectiva) e os tempos retrospectivos e prospectivos. No mundo comentado, o tempo zero é o presente, o tempo retrospectivo é o pretérito perfeito e o prospectivo é o futuro do presente; no mundo narrado, há dois tempos zeros – o pretérito perfeito e o imperfeito; o pretérito mais-que-perfeito é o retrospectivo e o futuro do pretérito prospectivo com relação aos tempos zeros.

Com relação ao relevo, o texto é dividido em primeiro e segundo planos, dando instruções ao ouvinte sobre a informação considerada principal e a secundária. Em francês e em português, a indicação de relevo por meio do tempo verbal só ocorre no mundo narrado: o perfeito indica o primeiro plano; o imperfeito, o pano de fundo.

Sendo assim, a recorrência de tempo verbal tem a função coesiva, indicando ao leitor/ouvinte que se trata de uma seqüência de comentário ou de relato, de perspectiva retrospectiva, prospectiva ou zero, ou ainda de primeiro ou segundo planos, no relato. Exemplo:

[15] O recanto *era* aprazível. O vento *balançava* as copas das árvores, os raios do sol *refletiam-se* nas águas do riacho e um perfume de flores *espalhava-se* pela clareira onde *descansavam* os viajantes. De súbito, ouviu-se um grande estrondo e todos se puseram de pé, sobressaltados (somente tempos do mundo narrado – segundo e primeiro planos).

No exemplo acima, tem-se a recorrência do mesmo tempo verbal – o imperfeito do indicativo. Este é o fenômeno de "transições homogêneas", as quais, no caso, indicam ao ouvinte que se trata do segundo plano de um relato. Quando ocorre a mudança do imperfeito para o perfeito do indicativo, há a transição heterogênea de primeiro grau, pois assinala a mudança de perspectiva, ou melhor, passa-se ao primeiro plano do relato, isto é, ao da ação. Percebe-se que, até o final da primeira parte do exemplo, há a seqüenciação parafrástica e, na segunda, uma seqüenciação frástica.

Partindo do que foi explicitado, enquanto perdurarem os verbos no pretérito perfeito, indicando o primeiro plano do relato, a seqüenciação será novamente parafrástica, até que ocorra nova mudança de tempo. Se passasse para o presente do indicativo mudaria a atitude comunicativa do relato para a de comentário. Se, além disso, viesse a utilizar o futuro do presente, haveria, ainda, mudança de perspectiva (zero para prospectiva), tendo-se, então, uma transição heterogênea de segundo grau (alteração de mais de um traço).

- *Seqüênciação frástica*: Quando a progressão se faz por sucessivos encadeamentos, assinalados por marcas lingüísticas, por meio das quais se estabelecem relação entre enunciados que compõem um texto, este não terá problemas no seu desenvolvimento ou referenciação lingüística, fluxo informacional, fenômeno denominado pela autora de seqüenciação frástica.

Ao examinar mais detalhadamente estes mecanismos, percebe-se que, na seqüenciação frástica, os elementos que constituem os fatores de coesão textual são os que garantem a manutenção do tema, o estabelecimento de relações semânticas e/ou pragmáticas entre maiores ou menores porções do texto, a ordenação e a articulação de seqüências textuais. Verifica-se, então, que os mecanismos de coesão seqüencial por progressão ou seqüenciação frástica possibilitam:

a) a manutenção temática, garantida muitas vezes pelo uso de termos pertencentes ao mesmo campo lexical (contigüidade semântica ou "colocação"). Por exemplo:

[16] As *chuvas* provocaram vários *acidentes* na cidade. Houve *desabamento* e muitas *vítimas fatais*.

b) os encadeamentos, os quais permitem estabelecer relações semânticas e/ou discursivas entre orações. Eles são obtidos por justaposição ou conexão. No caso de justaposição, temos a parataxe, sem uso de nenhuma partícula, o que, no texto escrito, extrapola o âmbito da coesão textual que diz respeito ao modo como os componentes da superfície textual se encontram conectados entre si por meio de elementos lingüísticos. Nesses casos, cabe ao leitor estabelecer mentalmente relações semânticas e discursivas do texto escrito.

Temos, ainda, a justaposição com uso de partículas seqüenciadoras. Tais partículas estabelecem um seqüenciamento coesivo entre porções maiores ou menores da superfície textual. Também nomeadas como sinais de articulação, operam em diversos níveis hierárquicos:

- metanível ou nível dos enunciados metacomunicativos – seus sinais sumarizam ou demarcam partes das seqüências textuais. Exemplo:

  [17] (...) *Em virtude do que foi exposto*, acho fundamental estudar a coesão textual, para análise de textos do sujeito surdo.

- marcadores de situação ou ordenação no tempo e/ou espaço, por exemplo, podem funcionar como demarcadores de episódios na narrativa, os quais seriam os ordenadores temporais de segmentos de uma descrição textual. Exemplos:

[18] (...) *Muitos meses depois*, os dois amigos se encontraram, em sua cidade natal, e puderam curtir a *antiga* amizade.

[19] (...) *Mais adiante*, do *lado direito*, avistava-se uma luz na estrada.

[20] (...) Falarei *primeiro* sobre a linguagem: *a seguir*, direi algo sobre Vygotsky; *finalmente* relatarei sobre Bakhtin.

- marcadores conversacionais, os que assinalam mudança ou quebra de tópicos. Exemplos:

[21] Parece que nossos políticos não querem entender bem os problemas do Nordeste. *Por falar nisso*, o que você me diz sobre os problemas da fome que *a propósito* reina naquela região?

[22] *Você tinha razão*, o teste foi difícil mesmo. Mas, *voltando ao assunto*, onde vamos passar nossas férias?

[23] Hoje vai haver festa no departamento e todos os professores deverão comparecer, pois festejamos a vitória salarial da classe. *Fazendo um parêntese*, você leu a anulação daquela ementa no nosso contrato?

Os encadeamentos por conexão são feitos:

- por meio de conectores do tipo lógico, estabelecendo relações de conjunção, disjunção, implicação lógica.

[24] *Se* a água atinge 100 graus centígrados, *então* ela entra em ebulição – por intermédio de operadores do discurso, responsáveis pelo estabelecimento de relações discursivas

ou argumentativas, operando a conjunção ou disjunção de argumentos, ou acrescentando a enunciados anteriores atos de justificação, explicação, conclusão, especificação ou generalização. Exemplos:

[25] Me espere, *que* tenho algo a lhe contar.

[26] Não estava frio, *mas* achei melhor levar um agasalho.

[27] Você se saiu muito bem, *portanto* merece um prêmio.

[28] Maria, *sem dúvida*, é a melhor candidata à direção da escola, *pois* apresenta propostas confiáveis à sua gestão. *Além disso*, revela, *também*, conhecimento sobre os problemas da escola. *Convém* esclarecer que ela não faz um discurso demagógico.

Acredito que o referencial teórico estabelecido permite que tenhamos alguns parâmetros para rever situações de textos de surdos, dentro do contexto escolar, reafirmando a importância do trabalho textual ao examinar como o surdo, tendo outra linguagem, organiza sua realidade.

Além disso, é importante lembrar que o exercício da produção escrita na escola em "si" é problemática. Grande parte dos alunos ouvintes apresenta dificuldades de ordem social diante de seus recursos lingüísticos. No caso dos alunos surdos, esta problemática torna-se mais significativa, pois eles crescem tendo um *input* lingüístico diferenciado, não estando expostos de maneira efetiva a uma linguagem convencional. Apresentam, em sua maioria, uma linguagem mesclada entre o português e a Língua de Sinais, o que vários pesquisadores denominam bimodalismo.

Diante das peculiaridades lingüísticas que o surdo apresenta, é importante afirmar que os professores, ao examinarem os textos desses indivíduos, estejam atentos não a modelos prontos e fechados de determinados dados textuais e sim a suas condições de produção, recepção, interlocução.

Ao observar a coesão textual, assumida como responsável pela unidade formal do texto, construída por meio de mecanismos gramaticais, os alunos surdos apresentam uma escrita diferenciada, o que evidencia a necessidade de um trabalho eficaz. É comum encontrarmos escritas de difícil compreensão, com falta ou mau uso dos conectores, não garantindo uma conexão seqüencial, e comprometendo o sentido do texto. O que se verifica é um amontoado de palavras soltas e a ausência de conectores tanto do tipo lógico quanto do tipo discursivo.

Os professores e grande parte dos estudiosos relacionam esses problemas ao uso da Língua de Sinais e ao seu caráter sintético, sua estrutura ideográfica ou mesmo sua natureza, como língua, não associando-a a seu caráter visuogestual. Daí a necessidade de uma concepção clara sobre língua, Língua de Sinais, linguagem e escrita textual, bem como de uma análise qualitativa dos textos. É necessário, também, observar que os processos de significação variam, dependendo de como esses indivíduos organizam, por meio da escrita, os recursos expressivos e os cognitivos. Ressaltamos, mais uma vez, os aspectos relativos à coesão textual do aluno surdo e propomos uma reflexão em relação à sua escrita, com base no seguinte questionamento: o surdo que faz uso da Língua de Sinais escreve melhor?

É preciso, porém, considerar que, além da Língua de Sinais, o surdo, em nossa sociedade, tem de aprender a língua(gem) na sua forma escrita. A escrita é um meio importante do qual o surdo não pode prescindir, posto que sem ela não terá chance de competição e de comunicação com o mundo ouvinte. Os mecanismos entre as línguas utilizadas pelo surdo acabam gerando peculiaridades nos mecanismos coesivos do texto escrito. Como o surdo trabalha essa realidade é o que se propõe a estudar em relação aos aspectos citados.

UM NOVO OLHAR DIANTE DA ESCRITA DO ALUNO SURDO 3

> A gente bate na porta e alguém abre, começa uma relação através de um questionamento, de uma entrevista. Esta relação agora existe e é a partir dela que se vai repensar a pesquisa. Esta relação que vai existir e é pensada pelo pesquisador – que é quem, às claras ou às ocultas, determina o estabelecimento do pensar a pesquisa, determina como a pesquisa vai ser feita – não é inicialmente aquela pensada pelo pesquisador; eu diria que não é o pensar que determina a "transa", mas é a "transa" que determina o pensar.
>
> Carlos Rodrigues Brandão

Como já foi dito, este livro tem sua origem no trabalho que preparei para o mestrado, cujo objeto de pesquisa foi a análise de um aspecto preciso da produção escrita do aluno surdo: a coesão textual, o que inclui estudar questões relativas à estruturação do texto e dos enunciados que o compõem, focalizando também a relação de sentidos dessas produções.

Considerando a hipótese de que a Língua de Sinais é a língua natural dos surdos, deve-se registrar que a LIBRAS assume um caráter mediador e de apoio para a produção escrita, se o surdo for usuário dela.

O *corpus* estudado foi constituído de redações de oito alunos da faixa etária de 16 a 21 anos, sem acompanhamento pedagógico em casa. O trabalho extra-escolar era feito em Sala de Recursos, com professora especializada, que fazia uso da Língua de Sinais. É necessário enfatizar que as quatro primeiras redações foram analisadas observando os aspectos coesivos para que se pudesse avaliar um dos aspectos da produção textual delimitados. Nas quatro últimas redações foram examinados aspectos gerais da produção escrita, justificando o sentido implícito nas produções textuais.

O tipo de linguagem utilizada pelos sujeitos da pesquisa era a Língua de Sinais (LIBRAS), embora, em seu ambiente familiar, a comunicação com os pais, irmãos e demais familiares fosse realizada por meio de leitura labial, fala e gestos de apoio.

Na escola, a intérprete[1] auxiliava na compreensão dos conteúdos pedagógicos que eram repassados pelo professor regente, mas a interação com os colegas ouvintes era feita por meio de gestos naturais; em alguns casos usava-se a datilologia[2].

Alunos

Nome	Sexo	Idade/Série	Grau de surdez	Comunicação
EM	F	18/6	Profunda e bilateral	LIBRAS + LO
AMP	M	21/8	Profunda e bilateral	LIBRAS
RPD	M	16/5	Profunda e bilateral	LIBRAS + LO
WSB	M	21/8	Profunda e bilateral	LIBRAS + LO
AJO	M	18/8	Profunda e bilateral	LIBRAS
VFN	F	15/6	Profunda e bilateral	LIBRAS
RP	M	21/6	Hipoacúsico	LIBRAS + LO
SPD	M	18/8	Profunda e bilateral	LIBRAS + LO

---

1. O intérprete da Língua Brasileira de Sinais é aquele que, tomando a posição do sinalizador ou do falante, transmite os pensamentos, as palavras e as emoções do sinalizador, servindo de elo entre duas modalidades de comunicação.
2. Datilologia – representação manual das letras do alfabeto, é chamada também de alfabeto manual.

Em razão da temática apresentada, convém observar as especificidades dos sujeitos:

EM – Aluna, adolescente, morava com os pais. Freqüentou a escola especial até a 4ª série do 1º grau. Apresentava muita dificuldade em estruturar idéias sobre o que lia. Não era uma aluna assídua. Possuía uma fala inteligível, fazia uso da LIBRAS.

AMP – Aluno, adolescente, morava com os pais. Freqüentou a escola especial até a 4ª série. Apresentava dificuldades em relação ao aprendizado da língua escrita, principalmente em compreender o que lia. Comunicava-se com a LIBRAS e fazia um pouco de leitura labial. Era um aluno assíduo e o intérprete, nesse processo de aprendizagem, era o grande mediador.

RPD – Aluno, adolescente, morava com os pais. Freqüentou a escola regular em Brasília até a 4ª série. Veio para Belo Horizonte e matriculou-se na escola regular na 5ª série, mas não conseguiu acompanhar a turma, ingressando então na 4ª série da escola especial para surdos. Fazia uso da LIBRA e foi oralizado. Possuía algumas dificuldades em compreender o que lia, mas conseguia estruturar um texto escrito com certa facilidade.

WSB – Aluno, adolescente, morava com os pais. Freqüentou a escola especial até a 4ª série. Possuía também uma fala inteligível e fazia uso da LIBRAS; destacava-se nesse grupo de alunos, pois ainda não tinha sido reprovado nenhuma vez.

AJO – Aluno, adolescente, morava com seus pais. Cursou até a 4ª série em escola especial. Fazia leitura labial, mas comunicava-se por meio da LIBRAS; destacava-se, também, por não ter sido reprovado nenhuma vez.

VFN – Aluna, adolescente, morava com os pais. Freqüentou a escola especial até a 4ª série. Apresentava dificuldades em compreender o português e redigir um texto escrito. Comunicava-se por meio da LIBRAS.

RP – Aluno, adolescente, morava com os pais. Freqüentou a escola especial até a 4ª série. Apresentava dificuldades em compreender o português e estruturar o texto escrito. Possuía fala inteligível e comunicava-se por meio da LIBRAS.

SPD – Aluno, adolescente, morava com os pais. Freqüentou a escola especial até a 4ª série. Apresentava dificuldades em compreender o português e estruturar o texto escrito.

A produção escrita dos alunos em sala de ensino regular se desenvolveu da mesma forma que se deu com os alunos ouvintes, com o professor usando quadro de giz, exercícios escritos, exercícios em livros etc. O destaque, neste contexto, é o intérprete[3] que auxilia nas dúvidas quanto a palavras ou expressões desconhecidas. Contudo, a produção de textos foi realizada individualmente pelos alunos. A sala de recursos é o lugar onde os alunos estudam em horário extra-escolar, o professor tem como objetivo central trabalhar com a segunda língua (o português) e auxiliar os alunos na leitura de textos e trabalhos escolares.

O acompanhamento do trabalho pedagógico em horários permitiu a escolha de textos (redações) em locais distintos – nas salas de aula, na sala de recursos – assim como em conversas com os professores regentes dos alunos, visto que, para orientar os docentes, acompanhou/participou das atividades pedagógicas desenvolvidas no dia-a-dia com professores e alunos.

---

3. Intérprete – Professor da Rede Municipal de Ensino (RME), especializado em LIBRAS, tendo experiência de vários anos de atuação com surdos em escolas especiais.

A coleta de dados se deu em uma das sete salas de recursos existentes na Rede Municipal de Ensino, com registros, acompanhamento do trabalho docente em atividades da língua escrita, no ano letivo de 1997. Foi preferencialmente escolhida a Sala de Recursos da Regional Centro-Sul, pelo fato de os alunos terem uma intérprete em cada sala de aula. Isso se torna um facilitador entre a língua oral e a Língua de Sinais, permitindo a análise da pesquisadora ao relacionar esse fato a um novo dado na educação dos surdos. Diante dos resultados obtidos, é possível propor aos professores uma ressignificação perante o trabalho de escrita do português.

A produção escrita dos surdos foi realizada individualmente; o docente sugeriu o título[4] e o aluno pôde resolver com o professor as dúvidas a respeito do que escrevia. Os textos produzidos versavam sobre fatos que os alunos viveram e descreveram e suas considerações; as redações partiram, portanto, da experiência pessoal de cada sujeito. Em face do conjunto de textos coletados, levantamos problemas relativos à coesão textual, sem nos atermos às questões relativas à coerência, embora estes fenômenos estejam imbricados entre si. Em outras palavras, alguns problemas de coerência são gerados por coesão, outros não. A coesão auxilia o estabelecimento da coerência, mas não é garantia de obter um texto coerente.

Devo esclarecer que os exemplos dos textos serão identificados individualmente. Foram numeradas as linhas das redações para melhor identificar os problemas em razão da análise e da construção de cada enunciado. E para que possamos olhar o texto, não como um produto acabado, mas como uma proposta discursiva, em que os enunciados assumem uma dimensão interativa, na construção de um sentido.

---

4. As amostras das redações foram coletadas no início e no meio do ano letivo, por isso cabe esclarecer ao leitor a razão dos títulos e do conteúdo destas.

a) Redação I:

Autor: EM
Escolaridade: 6ª série

Quem sou eu?
1 - Eu sou Elisângela.
2 - Eu quero namorado com você.
3 - Eu gosto do Sérgio mais legal.
4 - E não gosto do André está moleque malcriado.
5 - Ele gosta de mim.
6 - Ele vou jogador campeão.
7 - Eu estou senti com você.
8 - Eu não gosto de briga.
9 - Eu gosto de carinho com Sérgio.
10 - Eu não gosto do beijo com André, está ruim, porque ele está maconha.
11 - Eu gosto do Sérgio está bom porque ele não gosto maconha.

1 – Eu sou Elisângela.

No caso do *"eu"*, poderíamos considerá-lo como substituição, como uma resposta dialógica, a um título como *"Quem é você?"* já que esse processo desencadearia automaticamente a alteridade da interlocução (eu/você) colocando em maior evidência o papel do interlocutor.

2 – Eu quero namorado com você.

A regência do verbo *"namorar"* – *namorar com* – é influência explícita da oralidade. Como acontecerá outras vezes daqui para a frente, serão propostas algumas hipóteses de interpretação.

Hipótese: simulação de um diálogo com Sérgio: eu quero namorar com você.
1. Uso do substantivo no lugar da forma verbal.
2. Alusão a um interlocutor, que parece ser Sérgio.

3 – Eu gosto do Sérgio mais legal.

Hipótese: eu gosto do Sérgio porque[1] ele[2] é[3] mais legal[4]. /que é mais legal.

Supressão no enunciado de um conector que expresse justificativas (que, porque e da cópula *é*).

Ausência do termo comparativo (mais legal que quem?) ou da expressão ("*o mais legal*").

4 – Eu não gosto do André está[1] moleque malcriado.

(*está*) = (que é) (um) moleque malcriado – ausência do pronome relativo "*que*" e do verbo "*ser*" (é), que é substituído por "*estar*" (muitas línguas, inclusive a de sinais, não têm um termo específico para *ser* e *estar*), e do artigo indefinido.

5 – Ele gosta de mim.

A aluna usa adequadamente no texto a pró-forma (pronominal) *ele*, como elemento de coesão referencial (linhas 5, 6, 10 e 11). Tem consciência da possibilidade de substituir um referente textual por um pronome pessoal. Há também, na linha 5, o uso da pró-forma *mim* referindo-se ao *eu* (falante).

6 – Ele vou jogador campeão.

Hipótese: 1 – Ele *é* (ou *vai ser*) jogador campeão.
   a) Comprometimento da coesão, devido ao problema de concordância verbal.

b) Uso do verbo *ir*: ou no lugar do *ser* (*é*) ou como indicador de futuridade (*vai ser*), mas com a supressão do verbo *ser*.

7 – Eu estou senti com você.

Hipótese: 1 – Eu estou sentida com você.

Estaria agora falando para "*André*", revelando uma alternância de interlocução (o interlocutor passa a ser André, o que ocorre na linha 8).

Continua a comparação entre Sérgio e André. O primeiro é carinhoso, jogador campeão e não gosta de maconha (linha 11); o segundo é briguento e magoa a locutora. Uso inadequado do tempo verbal.

8 – Eu não gosto de briga.

Baseada na hipótese da sentença 7, continua falando com André. As sentenças 7 e 8 são justapostas, sem a presença de conector.

9 – Eu gosto de carinho com Sérgio.

Segue a comparação. Sérgio é carinhoso, e André não. Enunciado sem problemas.

10 – Eu não gosto do beijo com André,[1] [2] está ruim porque[3] ele[4] está[5] maconha.

1. Uso da vírgula como marcador prosódico no lugar do conectivo.
2. Coesão referencial por meio da elipse do sujeito (beijo).
3. Coesão seqüencial por encadeamento com uso do conector *porque*.
4. Coesão referencial por meio de pró-forma pronominal (*ele*).

5. Novamente, uso de *estar* por *ser* (ele é maconheiro) ou de *fumar* (fuma maconha).

11 – Eu gosto do Sérgio[1] está bom[2] porque[3] ele não gosto[4] maconha.

1. Falta da vírgula como marcador prosódico, se tomarmos por base a sentença 10.
2. "*Está bom*" – novamente *estar* por *ser* e a presença de ambigüidade (*o beijo é bom*; ou *o Sérgio é bom*; ou *o beijo do Sérgio é bom*).
3. Coesão seqüencial por encadeamento, com o uso do conector *porque*.
4. Falta de concordância verbo/sujeito que compromete a coesão (falta também a preposição *de*, da regência do verbo gostar).

Nesta redação, quanto à *coesão*, verifica-se:

a) uso adequado da pró-forma pronominal como recurso de coesão referencial;
b) uso adequado do conector *porque* (coesão seqüencial por encadeamento), com valor de explicação ou justificativa;
c) uso inadequado de *estar* no lugar de *ser*;
d) encadeamento freqüente de enunciados por mera justaposição, sem especificação da relação entre eles por meio de conectores (ex.: linhas 4, 10 e 11);
e) concordância verbal em geral adequada, com exceção das linhas 6 e 11;
f) alguns problemas na seleção das formas verbais, como: *senti* por *sentida* (linha 7); *vou* por *vai* (linha 6).

A análise

Extrapolando o estudo que olha para os elementos de coesão do texto em questão, mas sendo a coesão uma pista da coerência, um comentário é pertinente. A primeira leitura desse texto tende a classificá-lo como incoerente. No entanto, um fator que prevalece em todo o texto e interfere na coerência deste é a *interlocução*. Claramente o papel do interlocutor, o meio social no qual o autor está inserto, a situacionalidade, o contexto de produção do texto, são determinantes no estabelecimento da inteligibilidade desse texto.

Outro fator preponderante nesse texto é o *dialogismo* fortemente marcado. Os interlocutores são ora a professora, ora André, ora Sérgio.

b) Redação II:

Autor: AMP
Escolaridade: 8ª série

Ser estudante
1 - Ser estudante não sabe nada.
2 - Fezer a palavra trocando tudo para coitado.
3 - Ser estudante foi acabar um ano de escola,
4 - depois foi passear na festa de discoteca.
5 - Acabando na festa até 1 hs às noites.

1 – Ser estudante não sabe nada.

Hipótese: ser estudante é não saber nada.

Ausência da cópula (*é*) e flexão inadequada do verbo *saber*.

2 – Fezer¹ a palavra trocando tudo para² coitado.

Partindo do pressuposto de que o estudante precisa escrever palavras, o autor se mostra consciente de sua dificuldade (*trocando tudo*) e se autocompadece (*coitado*).

1 – Falta o elemento de coesão referencial – *ele* –, ou de reiteração – *o estudante* –, para que a oração não perca em gramaticalidade, coesão e inteligibilidade. Erro ortográfico: *fezer* por *fazer*. *Fazer* está no lugar de escrever, traçar, desenhar os elementos que compõem a palavra.

2 – *Para* – Preposição totalmente inadequada nesse contexto.

3 – Ser estudante foi acabar um ano de escola.

Enunciado sem problemas gramaticais. Como o autor é aluno de oitava série, pressupõe-se que ser estudante foi, para ele, concluir o ensino fundamental.

4 – depois¹ foi passear² na festa de³ discoteca.

1 – Elipse do sujeito.

2 – Falta de concordância verbal.

3 – Uso de preposição simples *de* no lugar da combinação *de + a* (*da*).

5 – Acabando¹ na festa² até 1 hs³ às noites.

Hipótese: ficando na festa até acabar, à uma hora da madrugada.

1 – Uso do gerúndio como seqüenciador de tempo reforçado pelo advérbio: *até* {até a festa acabar}. Elipse do sujeito, devido ao uso do gerúndio, se bem que tal fenômeno também se deu em sentença anterior.

2 – Coesão referencial, repetição do item lexical da linha anterior.

3 – *1 hs às noites* – abreviação incorreta do termo *hora* e uso inadequado da expressão *às noites*, no plural e introduzido pela contração *às* (*a* + *as*) que não caberia aqui.

Quanto à *coesão*, verifica-se portanto:

a) uso adequado da coesão referencial, em que o referente *estudante* permite recuperar o mesmo referente textual;

b) construção adequada de alguns enunciados, como os das linhas 3 e 4, sem comprometimento com a gramaticalidade seqüencial;

c) ausência da cópula é (linha 4) e flexão inadequada do verbo saber (linha 1);

d) uso incorreto de preposições simples (linha 4);

e) flexão verbal em geral inadequada, comprometendo muitas vezes a coesão seqüencial.

A análise

Um primeiro ponto ao qual a atenção deve ser voltada é para a arbitrariedade da divisão das sentenças, sobretudo no primeiro parágrafo, dada a deficiência de pontuação.

Entre as sentenças 1 e 2 percebe-se a coesão seqüencial por justaposição sem partículas, já que o *nada* é parafraseado por toda a sentença seguinte, retomando, assim, esse referente.

As linhas 1 e 2 apontam para uma autopiedade, por se tratar de um aluno surdo, com suas dificuldades de troca de palavras e/ou de letras e de sílabas.

No parágrafo seguinte fica definido que se trata de um aluno concludente do ensino fundamental porque a festa de formatura vem acabar com essa sua condição de estudante.

Também se pode perceber a seqüenciação temporal por causa da flexão verbal (apesar de equivocada em alguns casos) e mais alguns advérbios.

Esse texto também se vale de mecanismos de coerência, recorrendo ao *script* ritual por que passa o aluno formando de 8ª série. A convocação desse conjunto de conhecimentos auxilia a interpretabilidade do texto.

c) Redação III:

Autor: RPD

Escolaridade: 5ª série

Quem sou eu?

1 – A minha mãe falou que eu sou moleque e que sou louco para matar as pessoas e eu tenho uma arma.

2 – Eu só tenho arma para caçar animais.

3 – Eu gosto de passear e namorar paquerar e vamos para o motel.

1 – A minha mãe falou[1] que[2] eu sou moleque e que sou louco para[3] matar as pessoas e eu tenho uma[4] arma.

1 – A *minha mãe, minha mãe* são comutáveis. Concordância adequada do verbo.

2 – Concordância seqüencial estabelecida pelo encadeamento por conexão.

3 - Uso adequado da preposição e da forma verbal (oração subordinada adverbial final); encadeamento por conexão.

4 - Dados os dois usos do artigo definido, e agora do indefinido, podemos classificá-lo como consciente e adequado ao contexto referencial coesivo.

2 – Eu só tenho arma[1] para caçar animais[2].

1 - Coesão seqüencial por recorrência de estruturas (paralelismo), com acréscimo de uma nova idéia por meio do *só*, que pode ser traduzido como: *O único motivo pelo qual eu tenho arma é...*

2 - Arma × caçar × animais – coesão seqüencial, progressão por continuidade temática.

3 – Eu[1] gosto de[2] passear[3] e namorar[3] paquerar[3] e[4] vamos[3] para[2] o motel.

1 - Uso do pronome pessoal como sujeito.

2 - Uso adequado das preposições *de* e *para*.

3 - Uso adequado das formas verbais. Além disso, *passear × namorar × paquerar × motel* apresentam coesão seqüencial, progressão por manutenção temática. Nota-se, também, a justaposição de verbos indicativos de ação sem o uso de sinal de pontuação (*namorar, paquerar*). Observa-se, ainda, a falta de explicitação do referente (sujeito) de *vamos* (inferível a partir do contexto).

4 - Falta de um continuador temporal após o *e*, para introduzir a última oração. É evidente, no entanto, a coesão seqüencial por encadeamento com a partícula seqüenciadora *e*.

Quanto à *coesão*, verifica-se:

a) uso adequado das formas verbais, em geral;
b) uso adequado de coesão seqüencial, por meio do conector *que*, estabelecendo um encadeamento na linha 1;
c) uso adequado, em geral, das preposições;
d) uso adequado de continuidade temática, garantindo a coesão seqüencial (linhas 2 e 3);
e) justaposição de verbos indicativos de ação sem pontuação adequada (linha 3);
f) ausência de um continuador temporal após o *e* para introduzir a última oração (linha 3);
g) falta de explicitação do referente (sujeito) de *vamos*, inferível a partir do contexto.

A análise

O primeiro fato que chama a atenção na redação é em relação ao título, que se deve fazer sobre a resposta à pergunta "Quem sou eu?" baseando-se em dois movimentos:

1º – o que a mãe diz sobre "eu" (RPD);

2º – o que o "eu" (RPD) diz sobre ele mesmo.

A coesão por continuidade temática constrói esses dois movimentos: 1º – o que a "mãe" diz: "moleque"/"louco"/"matar"/"arma"/"caçar"/"animais"; 2º – o que o "eu" introduz à sua subjetividade: "passear"/"namorar"/"paquerar"/"motel".

Desse ponto de vista, pode-se entender a redação da seguinte maneira: – o que a "mãe" diz sobre ele, que é negativo, é colocado em xeque ao se utilizar o mesmo recurso coesivo (desta vez para aliviar a carga negativa do primeiro movimento ao estabelecer nova continuidade temática); a introdução de elementos "culturais" seria também uma tentativa de aproximar o "eu" desse mundo e ao mesmo tempo afastá-lo daquele criado pelo que a "mãe" diz. A maior dificuldade de inteligibilidade da redação pode estar na ausência de um conector adversativo entre esses dois movimentos (linha 2), sendo o maior expoente da mudança do teor da redação a partícula "só" (linha 2).

Quanto à variação do "eu" para "nós", parece ser um problema mais de conjugação do verbo que uma flutuação do sujeito, como o recorte sobre a redação deve elucidar: "eu sou", "sou", "eu tenho", "eu gosto", "vamos".

d) Redação IV

Autor: WSB

Escolaridade: 8ª série

Juatuba

1 - Eu e Ronildo passearam na rua de noite dia do sábado.

2 - Wanderson e Ronildo foi conhecer as garotas na pracinha.

3 - Nos foram namorando muito na festa da show.

4 - Nome dela é Sandra e Wanderson.

5 - Ronildo e Fernanda.

6 - Depois o Ronildo vai embora dia de domingo para Belo Horizonte e Ronildo está com saudade da Fernanda.

7 - Depois o domingo de manhã andaram as bicicletas na rua e foi pega na locadora para assistir o filme.

1 – Eu[1] e Ronildo passearam[2] na rua de noite dia do sábado.

1 – Uso do pronome reto de primeira pessoa – *eu* – no lugar do nome.

2 – Concordância verbal correta em número, mas não em pessoa.

2 – Wanderson e Ronildo foi[1] conhecer[2] as garotas na pracinha.

1 – Concordância com uso adequado em tempo, mas não em número.

2 – Apesar do problema da concordância, uso adequado da forma verbal composta.

Observa-se também nesse enunciado que *eu* = *Wanderson*.

3 – Nos[1] foram namorando[2] muito na[3] festa da[3] show.

1 – Ausência do acento gráfico.

2 – *Foram namorando* = namoramos ou ficamos namorando.

3 – Uso adequado das combinações de preposição + artigo (n*a*, d*a*).

4 – Nome dela é Sandra e Wanderson. / 5 – Ronildo e Fernanda

Estruturas frasais inadequadas para mostrar a formação dos pares: *Sandra e Wanderson*; *Ronildo e Fernanda*.

6 – Depois[1] o Ronildo vai[2] embora dia de domingo[3] para Belo Horizonte e Ronildo está com saudade da Fernanda.

1 – Introdução do novo parágrafo por meio do articulador discursivo *depois*.

2 - Uso inadequado da forma verbal *vai*, em lugar de *foi*.

3 - Uso da expressão *dia de domingo*, incomum na escrita, introduzida sem a preposição, combinação de *em + o = no domingo*.

7 – Depois[1] o[2] domingo de manhã andaram as bicicletas[3] na rua[4] e foi[5] pega[6] na locadora para assistir o filme[7].

1 - Introdução do novo parágrafo por meio do articulador discursivo.

2 - Uso inadequado do artigo em vez da forma combinada *no (em + o)*.

3 - Uso inadequado do artigo *as* no lugar da preposição *de*, o que exigiria o singular de bicicletas.

4 - Coesão seqüencial, por encadeamento com partícula seqüenciadora.

5 - Concordância verbal inadequada (*foi* por *foram*).

6 - Uso da forma inadequada da flexão verbal (*pega* por *pegar*).

7 - Deslocamento do sintagma *o filme*, o que não compromete a inteligibilidade da sentença.

Quanto à *coesão*, verifica-se:

a) uso adequado, de maneira geral, da coesão seqüencial, mantendo uma progressão por continuidade temática, uso de partículas seqüenciadoras *em, e, depois*, uso adequado da concordância verbal em número (linha 1);

b) uso adequado da preposição e combinação *na, de* (linha 1);

c) uso adequado de coesão seqüencial, com o uso do articulador discursivo *depois* (linha 6);

d) uso adequado da preposição *para* (linha 6);

e) problemas nas formas verbais (concordância de pessoa e número do verbo) (linhas 1, 2 e 7);
f) ausência da preposição antes de *dia de sábado* (linha 1) e da preposição que introduziria a expressão *dia de domingo* (linha 6);
g) estrutura frasal inadequada (linha 4);
h) uso inadequado do artigo *as* no lugar da preposição *de* (linha 7).

A análise

Nota-se nesta redação que seu título é geral, não anunciando exatamente o que será tratado sobre o lugar, sobre as lembranças do aluno, planos para ele ir à cidade mencionada etc. Outra observação pertinente é a organização do assunto, mais ou menos em capítulos, marcando inclusive a ordem cronológica dos fatos, ou seja, aponta a coesão seqüencial, progressão. Pode-se relacionar:

- passear × a noite;
- sábado × conhecer × garotas × pracinha × namorar × festa × show × domingo × bicicleta × locadora × assistir × filme;
- embora × saudade.

Esse recurso, fortemente marcado, supre em grande parte a falta dos recursos coesivos como meio de garantir a inteligibilidade do texto.

Apesar da carência dos conectores, o encadeamento das frases leva a concluir as relações de conteúdos necessários para a inteligibilidade do texto, dando-lhes "um sentido" como:

- sábado à noite *para* conhecer garotas na praça;
- conhecer as garotas *para* namorá-las;

- a formação dos pares; a saudade *por conta* da separação;
- a bicicleta *para* ir à locadora *para* assistir ao filme (única finalidade pela preposição *para*).

De fato, a seqüenciação é dada pela justaposição, sem contar com todos os conectores. A falta destes é explícita, inclusive, sobre o tratamento do próprio sujeito que faz uso do seu próprio nome em lugar do pronome "eu".

e) Redação V

Autor: AJO
Escolaridade: 8ª série

O rodeio

1 – A família vamos viajam em Entre Rios Minas Gerais,
2 – Meu avô é bom,
3 – Outro primo, vamos brincar rua,
4 – Adriano falou:
5 – Hoje é festa rodeio, Quanto hora para o rodeio
6 – Sim h 9:00 tem festa rodeio
7 – Depois acha amigo lá
8 – Espera para rua hora certo
9 – Adriano falou:
10 – Adriano pode vai na rodeio hora 9 as para festa.
11 – Mãe falou:
12 – Pode, atenção cuidado cavalo muito perigoso. Eu sei
13 – Eu primo e amigo agora vamos festa rodeio muito grande
14 – Eu vou para bar, pega uma cadeira.

15 - Eu viu um boi e gorda tem leite grande.
16 - Eu primo e amigo 11 h as vamos rodeio,
    Um homem colocou para cavalo esta bravo.
17 - Depois eu quer embora em para casa.

A análise

A partir dessa redação, não faremos mais uma análise detalhada da concordância e da coesão do texto, apenas examinaremos o sentido geral do texto.

O primeiro fato a ser observado, nessa redação, é sobre a estrutura escrita do texto que traz algumas impropriedades, principalmente em se tratando de aluno com o nível de escolaridade de 8ª série.

Sendo assim, torna-se interessante verificar, por intermédio da redação, as qualidades do texto escrito, ou seja, olhar para o sentido do texto por meio de seus enunciados. As sentenças valem-se de todos os seus constituintes, contando somente com poucas ausências e equívocos, entretanto sua ordem é alterada. A coesão seqüencial, progressão por continuidade temática, é bastante freqüente e suficiente para a inteligibilidade do texto. Outros fatores que podem ser mais comprometedores são a ordem e a ausência de pontuação. Entretanto, eles não alteram a coesão seqüencial e temática, sendo procedente afirmar que, com uma leitura mais atenta, pode-se perceber o sentido do texto.

f) Redação VI

Autor: VFN
Escolaridade: 6ª série

Férias

1 - Eu vou para Itabira porque prima minha casa

2 - Eu ando a rua da festa
3 - Gosto de música para noite dez horas
4 - Eu dormiu minha tio da casa
5 - Amanhã vou viagem Belo Horizonte
6 - Hoje cito e meia campo futebol da sexta feira sete meia minha casa

A análise

Toda a redação serve muito bem ao título proposto – "Férias" –, porque ela é tecida por meio de coesão seqüencial, progressão por continuidade temática, bastando destacar os adjuntos adverbiais de tempo e lugar: *tempo* – "noite", "dez horas", "amanhã", "sexta-feira", "hora" (e meia); *lugar* – "Itabira", "casa", "rua", "casa", "Belo Horizonte", "campo de futebol", "casa".

Esse recurso situa e delimita o título tão generalizador, ou seja, evidenciam-se a intenção de focalização e a pessoalização por meio de recursos coesivos. Ainda dentro do mesmo recurso coesivo pode-se considerar na estruturação de:

- casa × festa;
- música × noite × dormiu;
- prima × tio;
- férias × festa;
- música × dormiu × viagem × futebol.

Como é possível observar, a coesão se mantém por meio de adjuntos adverbiais e de substantivos do mesmo campo lexical. Apenas um conector do tipo lógico foi utilizado (*porque*). A concordância temporal parece ser adequada, há apenas um equívoco (provável em *dormiu* por *durmo*). As preposições apontam para expressões fixas. Isso nos leva aos tropeços em relação à coesão seqüencial por encadeamento, o que deveria permitir a continuidade temática por relações sintáticas além das semânticas.

g) Redação VII

Autor: RP

Escolaridade: 6ª série

Férias

1 – Eu vou casa do Wanderson para Juatuba,

2 – Nos vamos passear na rua. Ai depois viu o Wanderson para uma garota. Ronildo falou: você não pode safadin-nho. Wanderson falou: fodas porque Eu quero namorar.

3 – Ai depois vai andando para Ronildo e Wanderson viu nove garotas.

4 – Eu e Wanderson foram chamada conversando. A menina perguntou: Qual você gosta de escolher Fernanda.

5 – Vai andando Ronildo e Fernando, perguntou para onde, nos vamos lá, onde estava, nos vamos passear na praça Fernanda esta muito vergonha, eu falei não precisa vergonha. Você quer namorar comigo.

6 – Ass

   Sim × ou não

7 – Ai depois você que outra vez continua quer namorar. Eu não pode Juatuba. Ai depois encontra dia 17.

8 – Fernanda vai ficar chorando porque quer saudade

9 – Não precisa chorando

10 – Eu

   te

   amo

A análise

A redação pode ser identificada por uma narração em todos os seus elementos. Pode-se notar grande influência da oralidade, mesmo nos discursos diretos e mesmo naqueles em que a pontuação não é adequada.

Vê-se uma introdução que parte do tema "Férias" e delimita um lugar especialmente definido. No entanto, os primeiros verbos são empregados em tempo verbal impróprio para narração (no futuro, para narrar fatos passados). Revendo então a redação e sabendo que se trata de fato passado, é necessário adequar os verbos a essa condição. Primeiramente um fato é narrado e tem como protagonista o amigo do autor. Esse fato serve de síntese introdutória da redação, à qual retornarão vários dos elementos ali introduzidos. Finalmente, fato semelhante é narrado desta vez protagonizando o autor da redação (o que marca a mudança da pessoa do narrador). Toda a redação é amarrada por coesão seqüencial, progressão por continuidade temática que, de fato, faz progredir o texto no sentido de que o segundo fato narrado vai além do primeiro, garantindo-lhe um sentido.

h) Redação VIII

Autor: SPD

Escolaridade: 8ª série

Pitangui

1 – Eu, meu pai e três amigos fomos de carro para pitangui, vara, churrasco, rachão, casinha, comida, frutas, biscoito, etc.

2 – Meu pai está pescando no rio e pegou nove peixes e Wanderson pegou sete peixes e os três amigos pegaram muito os peixes.

3 - Eu gostei muito lá no Pitangui.
4 - Depois nós comemos os peixes no churrasco é deliciosa.
5 - Depois nós foiram embora só 3 dias

A análise

A redação inicia indicando, pelo título nominalizado, uma particularização, mas não esclarece se tratará do local, em si, ou de determinado período nesse local (uma visita, por exemplo).

Ao desenvolver o tema, o aluno vale-se em grande parte da coesão seqüencial, progressão por continuidade semântica. Pode-se relacionar:

- vara × pescando × rio × peixes dos elementos, que mesmo descontextualizados estabelecem uma relação;
- Pitangüi × vara × churrasco × rachão, casinha × comida × fruta × biscoito × rio, desta vez se referindo ao contexto da redação.

A sentença 1, apesar dos tropeços na ordem sintática, relaciona-se tematicamente dentro da redação.

Os demais equívocos se apresentam na escolha da preposição que determina coesão seqüencial, progressão por encadeamento, ainda que sem extinguir a intenção de conteúdos do texto.

Um apanhado geral

Em relação às redações analisadas, é importante expandir as observações que foram feitas sobre a tessitura dos textos dos surdos. Um olhar imediato diante das análises nos faz perceber a interferência da LIBRAS nas redações, pois, entre outras, existe a possibilidade de superposição de duas línguas em usos que dizem respeito a duas línguas faladas, tanto numa instância de escrita, quanto numa interação "face a face", ou seja, as pessoas bilíngües, ao participarem de uma instância interativa monolíngüe, nunca desativam totalmente a outra língua. Geralmente uma é tomada como base, a outra é convidada (participante como recurso por meio de diferentes mecanismos de alternância e justaposição). A exemplo, pode-se observar a redação IV (linha 8). O autor do texto, ao redigir seu enunciado, usa a expressão "andaram as bicicletas". A preposição, para ele, é difícil de ser assimilada, porque não está presente na Língua de Sinais (há um sinal para *andar* e outro para *bicicleta*). Na linha 7, da mesma redação, o autor faz uso de *dia de domingo*; outra vez a preposição se apresenta de forma inadequada.

De fato, as observações diante das análises vêm reafirmando pesquisas anteriores. A importância de apresentar esses dados deve-se principalmente ao fato de estarem tão presentes no cotidiano dos professores. Consideramos que a escrita dos alunos surdos ainda merece um aprofundamento maior, partindo de um trabalho voltado para a língua natural dos surdos, ou seja, a LIBRAS, questão que demandaria outras pesquisas.

Sobre a interferência da sintaxe da LIBRAS no português, pode-se relacionar:

- a não-correspondência direta entre os itens lexicais das duas línguas;
- as estruturas lexicais diferentes, visto na demanda de duas ou mais palavras em português que em LIBRAS podem vir expressas em apenas um sinal;
- as limitações do código escrito trazem dificuldades porque não recobrem a riqueza de elementos "prosódicos"[5] da LIBRAS.

---

5. O termo prosódico é usado para designar recursos como expressões faciais, movimentos de cabeça e de corpo, enfim, recursos que são das mãos. Eles podem não despertar atenção, eventualmente, julgando-se que são da mesma natureza da prosódia (e da mesma forma são praticamente excluídos da escrita) do português oral.

É importante reiterar que, em toda atividade discursiva, a interação lingüística é mediada pela imagem que os sujeitos têm ou constroem de seus interlocutores, sejam surdos ou falantes de qualquer língua. No caso dos surdos, a via mais próxima para a construção de conhecimentos é a Língua de Sinais, conseqüentemente deve-se estar atento às condições de produção do texto escrito.

Na verdade, o que se observa em relação à escrita, do surdo ou do ouvinte, é que o aluno constrói seu texto por meio dos modelos usados pelo professor, que é seu interlocutor imediato, sendo essa, para muitos desses sujeitos, a única experiência disponível.

CONCLUSÕES

> *A consciência crítica nasce de quê? Da possibilidade de o oprimido contemplar, no sentido crítico, a sua obra, e como produto de seu trabalho se distribui no processo social.*
>
> Paulo Freire

Pelo fato de eu ter vivenciado por muitos anos os anseios dos professores em lidar com o fenômeno da escrita nas instituições escolares, torna-se gratificante observar, por intermédio da pesquisa e dos dados apresentados, questões que foram levantadas e confirmam as hipóteses apontadas em relação aos textos escritos dos indivíduos surdos.

Os surdos têm uma língua(gem) de sinais; em se tratando de aprendizes, seus textos escritos não apresentam as mesmas características de um falante do português, mas de um sujeito falante de uma segunda língua. O fato de dar ênfase novamente a estas questões vem ao encontro da seguinte observação: como olhar um texto com características distintas em relação ao ensino de uma segunda língua, ou seja, como dar sentido a esse texto?

A partir das análises e dos princípios relativos à língua(gem) em Bakhtin e Vygotsky, pode-se perceber que o leitor reconstrói o texto não de forma isolada individualmente, mas junto com seu interlocutor, que é o escritor, seguindo pistas colocadas no texto, na interação.

Tanto que, a partir de dados de diversas pesquisas, pode-se observar como o surdo constrói um texto escrito no espaço escolar, em que o professor é seu interlocutor imediato.

As redações que analisei, por meio dos títulos e conteúdos enfatizados pelos alunos, apontam a relação contextual inserta em seus textos, como também a linguagem exercendo o papel constitutivo na produção de conhecimentos ou sistemas de referências sobre si e o outro.

Em relação ao que foi citado anteriormente é importante perceber, nos textos dos surdos, elementos que permitam reconhecer a textualidade e os sentidos no processo de construção de escrita, pois as dificuldades que o surdo encontra na escrita do português não são da mesma ordem, natural, da Língua Brasileira de Sinais. Cabe ao professor perceber que, apesar de todos os problemas e das dificuldades assinaladas, é possível entender/compreender e reconstruir o sentido dentro dos enunciados dos textos. As dificuldades encontradas na escrita dos surdos, ao contrário de constituir empecilho, podem ser a referência pedagógica para o trabalho com a segunda língua.

Outra observação está na pergunta: os surdos que têm Língua de Sinais escrevem melhor, produzindo um texto mais coeso? Na análise apresentada nota-se que todos os sujeitos produziram textos com certas similaridades, ou seja, na sua estrutura superficial, na sua escrita, mas que eles são capazes de escrever textos coesos e coerentes e os "problemas" apresentados são de ordem de outra língua(gem). É importante lembrar que a competência do aluno surdo na escrita melhora conforme aumenta seu nível de escolaridade e sua exposição à Língua de Sinais nas salas de aula (por meio do intérprete). Do ponto de vista cognitivo, Vygotsky (1984) salienta que a linguagem, uma capacidade especificamente humana, possibilita às crianças utilizar instrumentos auxiliares na solução de tarefas complicadas, assim como superar a ação impulsiva e planejar uma solução para o problema antes de sua execução. Em resumo, signos e palavras durante o desenvolvimento são absolutamente fundamentais para a criança controlar seu próprio comportamento e constituem o meio de contato social que vai manter e otimizar o desenvolvimento.

As reflexões sobre os dados que analisei no mestrado levam-me a afirmar que os surdos são capazes de produzir o texto com "*sentido*", principalmente se se levar em consideração a concepção de texto. Pode-se pensar, também, em um surdo que só faz uso da LIBRAS e, provavelmente, a escrita dele refletirá a tradução de um conjunto de idéias, pensamentos construídos por intermédio da Língua de Sinais. Nesse mesmo viés, pensava-se até poucos anos atrás que os surdos não teriam bom desempenho na língua(gem) escrita, por não possuírem língua(gem) oral. Entretanto, importa dizer que o trabalho pedagógico com a Língua de Sinais é de suma importância para o processo de desenvolvimento do aprendizado do indivíduo surdo, observando, assim, a sua condição bilíngüe ao analisar as condições de sua produção escrita no ensino do português.

A escrita é uma linguagem importante da qual a pessoa surda não pode prescindir, visto que sem ela o surdo terá diminuída a chance de competição e de comunicação com os ouvintes. A aprendizagem da linguagem escrita dotada de coesão faz-se necessária no processo educacional, de modo a possibilitar a esses sujeitos re-significar as condições de indivíduos singulares e sujeitos plurais no convívio social.

No entanto, para que se desenvolvam processos necessários à obtenção dos mecanismos de coesão com o surdo, o ensino e a aprendizagem devem estar atrelados à estrutura semântico-pragmática e de estruturação de mecanismos cognitivos importantes na produção do texto escrito, não devendo o ensino ficar restrito ao ensino da metalinguagem (frases, enunciados etc.). Nesse sentido, o ensino com a Língua de Sinais assumiria o papel intermediário na aquisição da escrita, posto que para o indivíduo surdo ela é a via mais natural para organizar e adquirir conhecimentos.

É importante observar que a Língua de Sinais vem adquirindo um espaço bastante significativo no contexto escolar e reafirmando seu papel no processo de construção de conhecimento da pessoa surda.

Quando os alunos surdos estudam em escolas regulares de sujeitos ouvintes, a presença do intérprete propicia uma grande contribuição, favorecendo um trabalho coletivo e solidário com o professor. De fato, o *"ideal"* seria que professores e surdos fizessem uso da LIBRAS, pois sabe-se que muitos profissionais da educação preocupam-se apenas com o processo de integração com os ouvintes, esquecendo-se do estudante, falante de Língua de Sinais, com marcas históricas, ideológicas e culturais, além de atravessado por discursos alheios, constrangido pela sistematização gramatical e semântica da língua, como evidencia Bakhtin. O uso da LIBRAS constitui atividade intelectual e lingüística, encaminhando o surdo para ser capaz de escolher e decidir.

Todas essas evidências a respeito da constituição lingüística do indivíduo surdo dimensionam em outros termos a questão efetiva do papel do professor e a função do ensino de uma segunda língua(gem).

A atividade mental é expressa exteriormente com a ajuda dos signos, assim como nos expressamos para os outros por palavras, mímica ou qualquer outro meio. E ela só existe sob a forma de signos, dentro de um material semiótico, sem o qual a atividade interior inexiste. Essas reflexões enfatizam a necessidade de um repensar sobre a realidade do ensino do português para surdos e também para ouvintes. Mediante os dados apresentados, observa-se que os textos carregam muitos problemas (vícios) de mau ensino baseado em modelos estruturados em cartilhas, seqüência de gravuras, cópia etc. É provocativo, do ponto de vista acadêmico, o ensino da língua portuguesa para ouvintes e muito mais para a pessoa surda. Nesse aspecto, é necessário reavaliar o cotidiano da sala de aula e o ensino do português para surdos, buscando possíveis soluções. Entretanto, não se pode deixar de reconhecer as inúmeras dificuldades encontradas no dia-a-dia, para chegar às condições idealizadas. É evidente a necessidade de uma reflexão sobre a *"escola possível que queremos"*, e a *"escola possível"* para o processo de integração. Na prática, por tudo o que foi visto, a escola que vier a assumir a integração deverá voltar seu olhar para o trabalho educacional do aluno surdo. É importante mencionar que várias situações poderiam ainda ser discutidas tendo em vista a educação e a escrita dos surdos, ou seja, a escolarização de uma forma mais abrangente, mas as respostas demandariam outros temas, outras pesquisas para muitos estudiosos. A minha certeza é que os estudos sobre a surdez devem ser desenvolvidos à luz da psicologia, da lingüística, da antropologia e da medicina. Posso, também, afirmar que o trabalho com a surdez me instiga sempre a novas indagações, estudos. Espero que este livro venha contribuir para um melhor atendimento educacional ao indivíduo surdo e possibilite uma sensibilização inicial para uma *"escola possível"*, instância principal para o *"aprendizado do fenômeno da escrita"*.

Confiança com coragem
vibração com fantasia
e mais dia e menos dia
a lei do circo vai mudar.
Todos juntos somos fortes...
... E no mundo dizem
que são tantos
saltimbancos como nós.

Bacalov, Bardotti e Chico Buarque

REFERÊNCIAS BIBLIOGRÁFICAS

BAKHTIN, M. *Marxismo e filosofia da linguagem*. 6ª ed., São Paulo: Hucitec, 1992.

BARZOTTO, V. H. *Leituras de revistas periódicas: forma, texto e discurso.* Tese de Doutorado. Campinas: IEL/Unicamp, 1997.

BEHARES, L. E. O "simbolismo esotérico" na interação mãe ouvinte criança surda revisitado. *Trabalho apresentado no curso de Pós-Graduação em Lingüística.* Campinas: Unicamp, 1995.

_____. Nuevas corrientes en la educación del sordo: de los enfoques clínicos a los culturales. *Cadernos de Educação Especial*, nº 4. Santa Maria: Universidade Federal de Santa Maria, 1989.

BENVENISTE, E. *Problemas de lingüística geral I*. São Paulo: Cia. Nacional, 1976.

BLIKSTEIN, I. *Dicionário de lingüística*. São Paulo: Cultrix, 1998.

BOUVET, D. Le droit de l' enfant sourd à langue maternelle. *Rééducation Ortophonique*, v. 17, 1979, pp. 225-40.

BRASIL, LEI DE DIRETRIZES E BASES DA EDUCAÇÃO. Lei nº 9.394, de 20 de dezembro de 1996, cap. V.

BRITO, F. L. *Por uma gramática de língua de sinais*. Rio de Janeiro: Tempo Brasileiro, UFRJ/Departamento de Lingüística e Filologia, 1995.

_____. *Integração social e educação dos surdos*. Rio de Janeiro: Babel, 1993.

BRITO, F. L. & SANTOS, D. V. A importância das línguas de sinais para o desenvolvimento da escrita pelos surdos. *In:* CICCONE, M. M. *Comunicação total – introdução estratégica à pessoa surda.* Rio de Janeiro: Cultura Médica, 1996.

BROWN, J. B. Examination of grammatical morphemes. *In:* The Language of Hard of Hearing Children. *The Volta Review,* v. 86, n° 4, maio de, 1984, pp. 229-38.

CICCONE, M. M. *Comunicação total – introdução estratégica à pessoa surda.* 2ª ed., Rio de Janeiro: Cultura Médica, 1996.

COSTA VAL, M. G. *A oralidade e a escrita.* Tese de Doutorado. Belo Horizonte: Universidade Federal de Minas Gerais, 1996.

D'ANGELIS, W. R. *Atípico e desviante: o texto de surdos em português ou o ensino de português para surdos?* V Congresso Latino-Americano de Educação Bilíngüe para Surdos. Porto Alegre: UFRG, 1999.

DE LEMOS, C. T. G. Uma abordagem sócio-construtivista da aquisição da linguagem: um percurso e muitas questões. *Anais do I Encontro Nacional sobre Aquisição da Linguagem.* Porto Alegre: PUC-RS, 1989.

_____. & PEREIRA, M. C. C. O gesto na interação mãe ouvinte – criança surda. *In:* CICCONE, M. M. *Comunicação total – introdução estratégica à pessoa surda.* Rio de Janeiro: Cultura Médica, 1990.

EMMOREY, K.; BELLUGI, U.; KLIMA, E. Organização neural da língua de sinais. *In:* MOURA, M.C.; LODI, A. C. B.; PEREIRA, M. C. *Línguas de Sinais e educação do surdo.* São Paulo: Técnica Arte, 1993. Série de Neuropsicologia, v. 3.

ESCOLA PLURAL – *Projeto Político Pedagógico da Rede Municipal de Ensino de Belo Horizonte.* Secretaria Municipal de Educação, 1998.

FERNANDES, E. *Problemas lingüísticos e cognitivos dos surdos.* Rio de Janeiro: Agir, 1989.

FRANCHI, C. Criatividade e gramática. *Trabalhos em Lingüística Aplicada*, nº 9. Campinas: Departamento de Lingüística do Instituto de Estudos da Linguagem da Unicamp, 1987, pp. 5-45.

_____. Linguagem atividade constitutiva. *Almanaque dos Cadernos de Literatura e Ensaio*, nº 5. São Paulo: Brasiliense, 1997, pp. 9-27.

FREITAS, M. T. A. *Vygotsky e Bakhtin, psicologia e educação: um intertexto*. São Paulo: Ática, 1994.

GERALDI, J. W. *Portos de passagem*. 2ª ed., São Paulo: Martins Fontes, 1993.

_____. O uso como lugar de construção dos recursos lingüísticos. *Revista Espaço*, nº 8. Rio de Janeiro, 1998, pp. 49-54.

GESUELI, Z. M. *A criança não ouvinte e a aquisição da escrita*. Dissertação de Mestrado. Campinas: IEL/Unicamp, 1988.

_____. *A criança surda e o conhecimento construído na interlocução em línguas de sinais*. Tese de Doutorado. Campinas: FE/Unicamp, 1998.

GÓES, M. C. R. *A linguagem escrita de alunos surdos e a comunicação bimodal*. Tese de Livre-Docência. Campinas: FE/Unicamp, 1994.

_____. *Linguagem, surdez e educação*. Campinas: Autores Associados, Editora da Unicamp, 1996.

GOLDFELD, M. *A criança surda – linguagem e cognição numa perspectiva sócio-interacionista*. São Paulo: Plexus, 1997.

HALLIDAY, M. A. K. Hasan. *Cohesion in English*. Londres: Longman, 1976.

KOCH, I. G. V. *Texto e coerência*. São Paulo: Cortez, 1989.

_____. *A coesão textual*. São Paulo: Contexto, 1990.

_____. *A inter-ação pela linguagem*. São Paulo: Contexto, 1992.

_____. *Argumentação e linguagem*. São Paulo: Cortez, 1984.

KOCH, I. G. V. *O texto e a construção de sentidos*. São Paulo: Contexto, 1997.

_____. & TRAVAGLIA L. C. *A coerência textual*. São Paulo: Contexto, 1990.

LACERDA, C. B. F. *Os processos dialógicos entre aluno surdo e educadores ouvintes: examinando a construção de conhecimento*. Tese de Doutorado. Campinas: FE/Unicamp, 1996.

LEITE, L. B. Representação e comunicação: o estudo de funções lingüísticas em psicologia. *Temas em Psicologia – Sociedade Brasileira de Psicologia*, nº 2. Ribeirão Preto, 1995.

LUDKE, M. & ANDRÉ, M. E. D. *Pesquisas em educação: abordagens qualitativas*. São Paulo: EPU, 1986.

LUNARDI, M. L. *Educação de surdos e currículo: um campo de lutas e conflitos*. Tese de Mestrado. Rio Grande do Sul: Universidade Federal do Rio Grande do Sul, 1998.

LÚRIA, A. R. *Pensamento e linguagem – as últimas conferências de Lúria*. Porto Alegre: Artes Médicas, 1986.

MATTOSO, CÂMARA Jr. *História da lingüística*. Petrópolis: Vozes, 1975.

MEADOW, K. P. Early manual communication in relation to the deaf child's intelectual, social, and communicative function. *American Annals of the Deaf*, nº 113, 1968, pp. 29-41.

MOHANTY, A. K. & PERREGAUX, C. Language acquisition and bilingualism. *In*: BERRY, J. W.; DASEN, P.; SARASWATHI, T. S. (eds.). *Handbook of Cross-cultural Psychology*. 2ª ed., Boston, Londres: Ally and Bacon, 1997, v. 2.

MORATO, E. M. *Linguagem e cognição: as reflexões de L. S. Vygotsky sobre a ação reguladora da linguagem*. São Paulo: Plexus, 1996.

MOURA, M.C. A língua de sinais na educação da criança surda. *In*: MOURA, M. C.; LODI, A. C. B.; PEREIRA, M. C. (eds.). *Língua de sinais e educação do surdo*. São Paulo: Técnica Arte, 1993. Série de Neuropsicologia, v. 3.

MYLEBUST, H. R. *Psicologia del sord*. Madri: Magistério Español, 1971.

OATES, E. *Linguagem das mãos.* Aparecida do Norte: Santuário, 1983.

PALÁCIOS, J. & MACHESI, A. *Desenvolvimento psicológico e educacional: necessidades educativas especiais e a aprendizagem escolar.* Porto Alegre: Artes Médicas, 1993.

PEREIRA, M. C. da C. *Interação e construção do sistema gestual em crianças deficientes auditivas, filhas de pais ouvintes.* Tese de Doutorado. Campinas: IEL/Unicamp, 1989.

PEREIRA, M. C. C.; MOURA, M. C.; LODI, A. C. O papel da representação ou imagem do interlocutor no uso da língua de sinais por indivíduos surdos. In: CICCONE, M. M. *Comunicação total – introdução estratégica à pessoa surda.* 2ª ed., Rio de Janeiro: Cultura Médica, 1996.

PERELLÓ, J. & TORTOSA, F. *Sordomudez – audiofonia y logopedia.* 2ª ed., Barcelona: Editorial Científico-Médico, 1972, v. 6.

PINO, A. O conceito de mediação semiótica em Vygotsky e o seu papel na explicação do psiquismo humano. *Caderno CEDES,* nº 24. São Paulo: Cortez, 1990.

POSSENTI, S. Um cérebro para a linguagem. *Boletim da Associação Brasileira de Lingüística,* nº 13, dezembro de 1992.

RAMOS, C. R. *Língua de sinais e literatura: uma proposta de tradução cultural.* Dissertação de Mestrado em Semiologia. Rio de Janeiro: Universidade Federal do Rio de Janeiro, 1995.

RAMPELOTTO, E. M. *Processo e produto na educação de surdos.* Tese de Mestrado. Rio Grande do Sul: Universidade de Santa Catarina, 1993.

RESOLUÇÃO SMED, nº 005/96. Prefeitura Municipal de Belo Horizonte, 1996.

SACKS, O. *Vendo vozes: uma jornada no mundo dos surdos.* Rio de Janeiro: Imago, 1990.

SÁNCHEZ, C. *La Increible y triste história de la sordera.* Caracas: CEPRO-SORD: Centro Profissional para Sordes, 1990.

SAUSSURE, F. *Curso de lingüística geral.* São Paulo: Cultrix, 1995.

SILVA, I. R. O uso de algumas categorias gramaticais na construção de narrativas pelo sujeito surdo. Tese de Mestrado. Campinas: IEL/Unicamp, 1998.

SILVA, M. P. M. & SÁ, Elisabete. D. Experiência mineira. Revista Vivência, nº 16. Santa Catarina, 1995.

SILVA, M. P. M. Educação especial, currículo especial. Revista Amae Educando, n437º 261. Belo Horizonte, 1996.

_____. A construção de sentidos na escrita do sujeito surdo. Dissertação de Mestrado. Campinas: Unicamp/Faculdade de Educação, 1999.

SKLIAR, Carlos (org.). A surdez: um olhar sobre as diferenças. In: Os estudos em educação: problematizando a normalidade. Porto Alegre: Mediação, 1998.

_____.(org.). Educação & exclusão – abordagens sócio-antropólogicas em educação especial. Porto Alegre: Mediação, 1997.

_____. La educación de los sordos.Una reconstrución histórica, cognitiva y pedagógica. Mendonça: Editorial de la Universidad Nacional de Cuyo (EDIUNC), 1997.

_____. Uma perspectiva sócio-histórica sobre a psicologia e a educação dos surdos. Porto Alegre: Mediação, 1997.

_____. Atualidade da educação bilingüe para surdos – projetos pedagógicos. Porto Alegre: Mediação, 1999, v. 1.

SEMINÁRIO DESAFIOS E POSSIBILIDADES NA EDUCAÇÃO BILÍNGÜE PARA SURDOS – Ministério da Educação Especial – Instituto Nacional de Educação de Surdos – Departamento de Desenvolvimento Humano, Científico de Surdos – A Educação para Surdos entre a Pedagogia Especial e as Políticas para as Diferenças. mimeo.

SMOLKA, A. L. B. A concepção da linguagem como instrumento: discutindo possibilidades e limites na perspectiva histórico-cultural – temas em psicologia. Reunião da Sociedade Brasileira de Psicologia. Ribeirão Preto, 1987.

_____. & GÓES, M. C. R. A linguagem e o outro no espaço escolar – Vygotsky e a construção do conhecimento. Campinas: Papirus, 1993.

SOUZA, R. M. Que palavra que te falta, lingüística, educação e surdez. São Paulo: Martins Fontes, 1998.

_____. & GÓES, M. C. R. A linguagem e as práticas comunicativas entre educadores ouvintes e alunos surdos, 1997. Mimeo.

_____. O ensino de M. Surdos: considerações sobre o excludente, contexto de inclusão. In: SKLIAR, C. Atualidade de educação bilíngüe para surdos. Porto Alegre: Mediação, 1999.

_____. Sujeito surdo e profissionais ouvintes: repensando esta relação. Estilos da clínica. Revista sobre a Infância com Problemas, nº 4, 1998.

STUCKLESS, E. R. & BIRCH, J. W. The influence of early manual communication on the linguistic development of deaf children. American Annals of the Deaf, nº 111, 1966.

TAVARES, H. U. C. Teoria literária. Belo Horizonte: Itatiaia, 1984.

VYGOTSKY, L. S. Fundamentos de defectologia. Havana: Pueblo y Educación, 1989.

_____. A formação social da mente. São Paulo: Martins Fontes, 1984.

_____. Pensamento e linguagem. São Paulo: Martins Fontes, 1993.

Marília da Piedade Marinho Silva, natural de Felixlândia, Minas Gerais (MG). Graduada em Pedagogia pela Pontifícia Universidade Católica de Minas Gerais (PUC-Minas), mestre em Educação pela Faculdade de Educação da Universidade de Campinas (Unicamp) e doutora em Linguística Aplicada pelo Instituto de Estudos da Linguagem (IEL) da Unicamp (área de concentração: Aquisição de Língua Materna). Sua tese de doutorado deu origem ao livro *Identidade e surdez – O trabalho de uma professora surda com alunos ouvintes* (2009), publicado pela Plexus.

Exerceu a função de professora e diretora de Ensino Especial nas Redes Estadual e Municipal de Ensino de Belo Horizonte (MG). Lecionou disciplinas correlatas ao tema em universidades de Belo Horizonte (MG) e Campinas (SP).

leia também

A CRIANÇA SURDA
LINGUAGEM E COGNIÇÃO NUMA PERSPECTIVA SOCIOINTERACIONISTA
Marcia Goldfeld

Como pode uma pessoa viver sem ouvir? O que ela sente, pensa, sonha? Assim a autora introduz seu trabalho, analisando todas as abordagens terapêuticas e educacionais e evidenciando a língua de sinais e aspectos de cognição do surdo.
REF. 60033   ISBN 85-85689-33-1

FONOAUDIOLOGIA E EDUCAÇÃO
UM ENCONTRO HISTÓRICO
EDIÇÃO REVISTA
Ana Paula Berberian

Utilizando dados históricos, a autora analisa o encontro entre educação e fonoaudiologia nas décadas de 1920 a 1940, época em que houve um controle sistemático da língua pátria para neutralizar a influência dos imigrantes. A institucionalização dos distúrbios de linguagem e sua conceituação, fortemente ligadas a esse controle, são ricamente ilustradas na obra.
REF. 60079   ISBN 978-85-85689-79-7

LINGUAGEM ESCRITA
REFERENCIAIS PARA A CLÍNICA FONOAUDIOLÓGICA
Ana Paula Berberian, Giselle Aparecida de Athayde Massi, Ana Cristina Guarinello (orgs.)

Este livro traz diferentes enfoques sobre a aquisição da linguagem escrita e o percurso do aprendiz, incluindo a colaboração da psicolingüística e da análise do discurso. Os textos orientam os profissionais que trabalham com pacientes que apresentam distúrbios de leitura e escrita.
REF. 60070   R$ 35,90   ISBN 85-85689-70-6

O PAPEL DO OUTRO NA ESCRITA DE SUJEITOS SURDOS
Ana Cristina Guarinello

Partindo de casos concretos, a autora demonstra que o surdo é capaz de escrever e aproximar seu texto do português padrão, desde que tenha oportunidade de interagir com a escrita por meio de atividades. Ela comprova, ainda, que o processo de aquisição da linguagem escrita baseia-se na interação com o outro, e que nessa parceria reconstroem-se os sentidos dos textos.
REF. 60080   ISBN 978-85-85689-80-3

www.gruposummus.com.br

IMPRESSO NA
sumago gráfica editorial ltda
rua itauna, 789   vila maria
02111-031   são paulo   sp
tel e fax 11 **2955 5636**
sumago@sumago.com.br

G R Á F I C A
sumago